<그리스도인이면 꼭 알아야 할 성경 지식>

한국 교회를 망친
칼빈주의

서울솔로몬학교 성경연수원

차 례

이 책에 인용된 성경 구절은 〈한글킹제임스성경〉입니다.

제1과
칼빈주의의 사탄적인 기원

『너희 가운데는 이단들도 있어야만 하리니 그래야만이 너희 가운데 인정받는 사람들이 나타나게 되리라』(고전 11:19).

구원 간증이 없는 존 칼빈

"칼빈주의자"라는 이름표를 달고 사는 것 자체가 "수치"임을 알아야 한다. 우선 종교개혁자 "존 칼빈"(John Calvin, 1509-1564)은 잃어버린 혼들을 하나님께로 이겨온(잠 11:30) 신실한 구령자도, 눈물로 씨를 뿌리기 위해 밭으로 나간(시 126:5,6) 부지런한 농부도, 믿음의 선한 싸움을 싸우고 달려갈 길을 마친(딤후 4:7) 충성스러운 군인도 아니었다. 그는 "야전 군인"으로서 한 일이 거의 없었다. 거칠고 전투적인 담대한 그리스도의 군사로 자라나 사탄과 마귀들과 싸우기 위해 수많은 자갈과 가시덤불로 뒤덮인 거친 숲을 헤치며 다녔던 "마틴 루터"(Martin Luther, 1483-1546)와는 완전히 다른 개혁자였던 것이다.

칼빈이 직접 쓴 글이나 논문 또는 그에 관해 쓴 학자들의 글들을 보면, 칼빈이 언제 어떻게 회심하고 구원받았는지에 관한 기록이 없다. 이것은 구원에 관한 한 분명한 간증을 지니고 살았던 마틴 루터와 대조된다. 루터는 카톨릭 사제로서 행위 구원으로 고민하다가 『**의인은 믿음으로 말미암아 살리라.**』(롬 1:17)라는 말씀 앞에 무릎 꿇은 경험이 있었다. 그는 확실한 구원 간증이 있었고, 죽은 뒤에 자신이 어디로 가는지 분명히 알고 살았으며, 또한 그런 확신 속에서 "복음의 진리"(갈 2:5)로 수많은 죄인을 구령했다. 하지만 칼빈은 그렇게 하지 못했다. 예정론에 파묻혀 살았기에 복음 전파의 필요성을 전혀 느끼지 못한 것이다!

칼빈주의란 무엇인가?

"칼빈주의"는 창세전, 곧 세상의 기초가 놓이기 이전에 하나님께서 그분의 주권적이고 영원한 판결로 어떤 사람은 구원받기로 정해 놓으셨고, 또 어떤 사람은 지옥에 보내기로 정해 놓으셨다는 "이단 교리"로서, 비성경적이고 철학적인 신학 체계요, 사탄이 기독교계 안으로 슬며시 밀어 넣은 "가증한 누룩"이자 "거짓 교리"이다.

1. 칼빈주의는 "가장 큰 이단"이다.

2천 년 교회사를 통틀어 볼 때 "가장 큰 이단"은 "칼빈주의"였다. 왜냐하면 이 "거짓 교리"가 진정한 의미에서 로마카톨릭의 창시자인 "어거스틴"에 의해 만들어졌고, 또한 로마카톨릭의 누룩과 더불어 교회들을 가장 많이 망가트렸기 때문이다. 칼빈주의는 복음을 전파하고 선교사를 파송하는 일을 무의미하게 만들었고, 사람이 죄를 짓는 것에 대해 하나님께서 그렇게 하도록 정해 놓으신 것처럼 그 책임을 주님께 돌림으로써 하나님의 성품을 엉망진창으로 만들었다. 참된 기독교와 진리의 성경을 일종의 숙명론 또는 운명론의 시각에서 바라보게 했으며, 하나님께서 선물로 주신 믿음(엡 2:8)을 전혀 행사하지 못하게 함으로써 수많은 무기력한 그리스도인을 양산해 냈다.

2. 칼빈주의의 "기본적인 오류"

1) "구원의 순서"를 혼란스럽게 만든다.

➠ 칼빈주의자들은 어떤 사람이 "선택"되었기 때문에 "믿은 것"이라고 주장하면서 구원의 순서를 뒤섞어 놓는데, 말하자면 하나님께서 이미 그 사람을 "구원"(예정)하셨기 때문에 그 사람이 "믿는 것"이라고 주장하는 것이다.

2) "예정"(Predestination)을 "구원"과 혼동한다.

➠ 성경 어디에도 어떤 사람이 구원받을 것이 예정되었거나 미리 선택되었다는 구절이 없는데도, 칼빈주의자들은 예정과 선택을 무조건 구원과 결부시킨다.

3) "칼빈주의 신학 체계" 속에 "성경 구절"을 억지로 끼워 맞춘다.

3. 칼빈주의 "5대 강령"(TULIP)

1) "**전적 타락**"(Total Depravity)

➠ 어떤 사람이 너무 타락하여 예수 그리스도를 영접할 수 없을 정도로 "**무능력한 상태**"를 말한다. 즉 그들이 실제로 주장하는 것은 성경에서 말씀하는 "전적 타락"이 아니라 "**전적 무능력**"인 것이다.

2) "**무조건적인 선택**"(Unconditional Election)

➠ 창세전에 어떤 사람은 구원받기로, 또 어떤 사람은 지옥에 가기로 "**무조건적으로 선택되고 정해졌다는 사실**"을 의미한다. 그러나 성경은 그들의 주장과 달리 "**조건적인 선택**"을 가르치고 있다.

3) "**제한된 속죄**"(Limited Atonement)

➡ 예수 그리스도께서 십자가에서 흘리신 피가 오직 "**선택된 사람들만을 위해 제한적으로 뿌려졌음**"을 뜻한다. 하지만 성경은 "**제한적이지 않은 속죄**"를 가르친다.

4) "**저항할 수 없는 은혜**"(Irresistible Grace)

➡ 하나님께서 어떤 사람을 "**강제로 믿고 거듭나게 하시는 은혜**"를 말한다. 그러나 성경은 인간이 "**저항할 수 있다는 사실**"을 가르치고 있다.

5) "**성도의 견인**"(Perseverance of the Saints)

➡ 거듭난 그리스도인이 "**행위를 통해 구원이 보장된다**"는 것을 의미한다. 하지만 성경은 행위와 전혀 무관한 "**구원의 영원한 보장**"을 가르치고 있다.

칼빈주의의 기원

1. 아우렐리우스 어거스틴(Aurelius Augustin, A.D. 354-430)

➡ "**어거스틴은 '칼빈주의'와 '로마카톨릭'의 창시자다**"(벤자민 와필드).

1) 어거스틴의 "**이단적인 가르침**"

(1) "유아 세례"와 "세례를 통한 중생"을 믿었다.

(2) "교회 국가"(Church - State)를 주장했다.

(3) 성관계와 결혼을 죄악시함으로써(cf. 딤전 4:1-3) 독신자들인 신부와

수녀 제도를 낳았다.

(4) "연옥 교리"를 창안했고, 유아 세례를 받지 못한 아기들은 죽은 후에 "림보"(지옥의 변방)로 간다고 가르쳤다.

(5) 자기와 믿음이 다른 사람을 박해하는 것을 정당한 것이라고 믿었으며, 특히 "성경대로 믿는 침례교도들"을 박해했다.

(6) 성경을 문자적이 아닌 "영적(은유적, 비유적, 풍유적)으로 해석했고," "철학"을 신봉했다(cf. 골 2:8).

(7) "마리아 숭배"를 인정했다.

(8) "후천년주의자"였고 로마카톨릭만이 "참된 교회"라고 주장했다.

(9) "예정론"을 가르쳤다.

2) 어거스틴의 "<u>예정론</u>"

➠ 칼빈주의 5대 강령은 존 칼빈이 주장하기 천 년 전에 이미 어거스틴에 의해 제정되었다(쿠스탕스).

> 의심할 여지 없이 하나님께서 멸망하게 될 것을 예지하신 사람들도 창조하셨다. 이것은 하나님께서 그렇게 하려고 하셨기 때문에 그렇게 된 것이다. 그러나 왜 하나님께서 그렇게 하시려고 했는지는 우리가 물어봐야 할 사안이 아니다. 이는 우리로서는 그것을 이해할 수 없기 때문이다(어거스틴).

(1) 어거스틴은 자유의지를 부인했고, "전적 타락" 대신 "전적 무능력"을 믿었다.

(2) 그는 "만일 여러분이 믿지 않는다면 그 이유는 여러분이 이미 하나님께서 정하신 파멸의 상태에 처한 사람들이기 때문이다."라고 말하면서 "무조건적인 선택"을 가르쳤다.

(3) 선택받은 소수의 사람에게만 "구속의 목적을 제한시켰다."

(4) 사람이 회개하고 믿기 전에 먼저 "거듭나야 한다"고 가르치면서 "하나님께서 사람들을 가까이 부르실 때는 사람들의 뜻에 따라 부르시는데, 그 뜻은 하나님께서 친히 주신 것이다."라고 말했다.

(5) 구원받은 사람일지라도 구원을 견인하지 못하면 구원을 잃어버릴 수 있다고(구원의 영원한 보장을 부인함) 생각했으나, 다른 한편으로는 선택받은 사람이 거듭나지 않은 상태로 죽는 경우는 없다고 생각했다. <u>그의 주장대로라면 구원받은 사람이 구원을 잃어버릴 수 있으나 언제든지 죽기 전에 구원을 다시 받을 수 있다는 해괴한 논리가 된다</u>.

2. 고트샬크(Gottschalk, A.D. 805-868)

➠ 독일의 신학자이자 시인으로서 어거스틴에 관한 연구의 제1인자였다.

1) "<u>예정론</u>"

➠ 선택받지 못한 자는 지옥으로 가고 선택받은 자는 하늘나라로 간다는 "절대적인 이중 예정론"을 주장했다.

2) "<u>유아 세례</u>" : 선택의 조건

➠ 아이들을 선택받게 하려고 그들에게 물을 뿌렸는데, 곧 "유아 세례"를 "선택의 조건"이라고 생각한 것이다. 다시 말해 유아 세례를 받아야 그 사람이 선택받은 줄 알 수 있다고 주장했으며, 이에 유아 세례를 거부하는 것을 하나님의 선택을 가로막고 방해하는 것으로 간주했다. <u>하지만 "창세전에 무조건적으로 예정되고 선택받았다는 주장"과 "유아 세례를 받아야 선택받게 된다는 주장"은 서로 모순된다</u>.

3. 존 칼빈(John Calvin, A.D. 1509-1564)

1) 존 칼빈의 "비성경적인 믿음"

(1) "유아 세례"를 통한 구원을 믿었다.

(2) "국가 교회"(State-Church)를 주장했다(스위스 제네바의 신정 국가).

(3) 자기와 믿음이 다르면 박해를 해도 좋다고 생각했는데, 한 예로 "삼위일체" 및 "유아 세례" 등에 대한 믿음이 다르다는 이유로 "세르베투스"를 화형시켰다.

(4) "후천년주의자"였다.

(5) "구원의 영원한 보장"을 믿은 사람으로서 한 번 거듭난 그리스도인은 타락하여 멸망에 이르지 않는다는 사실을 인식했고, 인간이 행위로 구원받는 것이 아니며 행위에 따라 구원이 지켜지는 것도 아니라고 믿었지만, "구약의 율법"을 그리스도의 몸인 교회의 각 지체에 부과했다.

2) 칼빈은 훌륭한 "성경 학자"였을지 모르나 "깊이 있는 신학자"는 아니었다.

존 칼빈은 재림하시는 예수 그리스도께서 이 땅에 세우실 물리적이고 실제적인 "천년왕국," 곧 의와 화평으로 통치하실 위대하고 영원한 왕국(사 9:6,7, 단 2:44)을 거부했다. 그 대신 스위스 제네바에 자기만의 "신정 국가"를 세웠고, "개신교의 교황" 노릇을 하면서 로마카톨릭의 "교회 국가"처럼 교회와 국가를 하나로 만들었다. 그는 "어거스틴"과 경쟁하기 위해 프로테스탄트 방식의 "하나님의 도성"을 세우려 했는데, 이를 위하여 구약성경에 나오는 이스라엘의 신정 통치 국가를 모델로 삼을 수밖에 없었고, 또한 구약의 성도들을 신약의 성도들처럼 하나님의 영에 의해 "거듭난 그리스도인들"이라고 간주할 수밖에 없었다.

칼빈은 요한계시록 20:1-7에서 여섯 번이나 강조한 "천년"이란 기간을 문자적으로 믿지 않았다. 그래서 그는 요한계시록 주석서를 쓸 엄두조차 못 냈다. 그 의미를 올바르게 알지 못한 이유도 있었지만, 재림에 관한 관심이나 소망이 없었던 이유가 훨씬 더 크다. 그의 설교에서는 재림을 사모하는 마음과 자세를 찾아볼 수 없다. 재림보다 "현실 개혁"에 더 초점을 맞춘 것이다. 한국 교회가 복음을 전파하거나 성경을 가르치는 가장 소중한 일보다 세상적이고 사회적인 쓸데없는 일에만 매달려 있는 이유가 바로 여기에 있다.

결국 칼빈은 『**우리에게 더 확실한 예언의 말씀이 있으니, 날이 새어 샛별이 너희 마음에 떠오르기까지 너희가 어두운 곳에서 빛나는 빛에 주의하듯 이 예언의 말씀에 주의하는 것이 잘하는 것이니라.**』(벧후 1:19)라는 말씀도 소홀히 여길 수밖에 없었다. 이와 관련하여 영국의 신학자 "리차드 후커"(Richard Hooker, 1554-1600)는 "칼빈은 성경의 예언에 관한 한 모든 프로테스탄트 지도자 중에서 가장 '하위'에 속한다."라고 말했다.

■ 새롭게 깨달았거나 적용할 내용이 있다면 적어 보세요. ■

제1과
복습문제

1. "칼빈주의"는 2천 년 교회사를 통틀어 볼 때 가장 큰 (   )이다.

2. 성경적으로 볼 때 "예정"은 곧 "구원"이다. (O , X)

3. 칼빈주의 5대 강령은 전적 타락, (   )적인 선택, (   ) 속죄, (   )할 수 없는 은혜, 성도의 견인이다.

4. (   )은 칼빈주의와 로마카톨릭의 창시자다.

5. 칼빈주의 5대 강령은 존 칼빈이 처음 주장한 것으로서 그 이전에는 어떤 사람도 이런 주장을 하지 않았다. (O , X)

6. "고트샬크"는 창세전에 구원받기로 선택되었다는 사실을 보여 주는 조건으로 (   )를 주장했다.

7. 『너희 가운데는 (   )들도 있어야만 하리니 그래야만이 너희 가운데 인정받는 사람들이 나타나게 되리라』(고전 11:19).

■ 복습 문제의 정답은 홈페이지(www.solomonbtc.org)에서 확인할 수 있습니다.

NOTES

NOTES

제2과

의지를 무능케 한 “전적 타락”

『그러나 누구든지 그를 영접한 사람들에게는 하나님의 아들들이 되는 권세를 주셨으니, 즉 그의 이름을 믿는 사람들에게니라』(요 1:12).

구원받는 것은 전적으로 자신의 결정에 달려 있다

중세 시대부터 내려오는 유명한 이야기 하나가 있다. 한 짓궂은 소년이 매우 현명하다고 알려진 한 노인을 골탕 먹이기로 했다. 그 소년은 참새 한 마리를 잡아다가 자기 등 뒤로 숨기고는, 그 노인에게 자기가 지금 들고 있는 것이 살아 있는 참새인지 죽은 참새인지를 물었다. 그 노인이 살아 있는 것이라고 말하면 참새를 손으로 짓눌러 죽은 새로 만들 참이었고, 죽은 새라고 답변하면 그 노인의 얼굴을 향해 살아 있는 새를 풀어 줄 요량이었다. 그 소년은 질문했고, 그 노인은 현명하게도 "그것은 전적으로 네가 어떻게 하느냐에 달려 있지."라고 대답했다.

우리 모두에게는 "혼"이 있다. 그렇다면 그 "혼"은 하늘나라에 가겠는가, 지옥에 가겠는가? 그것은 전적으로 우리 자신에게 달려 있다. 우리가 어느 곳으로 가게 될지를 결정하는 것은 우리가 예수 그리스도와 어떤 관계에 있느냐에 달려 있는 것이다. 우리가 그분을 개인의 구주로 영접하면 하늘나라로 가게 될 것이다. 반면에 그분을 거절하면 지옥으로 가게 될 것이다. 그러나 그 결정은 "우리 자신이" 하는 것이지 하나님께서 우리를 위해 대신해 주시는 것이 아니다. 주님께서는 여러분의 죄들에 대해 이미 값을 지불하셨고, 응당 여러분으로 하여금 복음을 듣게 하신다. 그러나 "여러분 자신이" 그리스도를 영접해야 하고 "직접" 그 복음을 믿어야 한다(피터 럭크만).

"전적 타락"의 진정한 의미

칼빈주의자들이 "전적 타락"(Total Depravity)을 이야기할 때 그들이 정말로 의미하는 것은 전적인 타락과 아무런 상관이 없는 "전적 무능력"(Total Inability)이다. 곧 그들이 말하는 "전적 타락"은 성경에서 말씀하는 타락이나 죄인에게 구주가 필요하다는 사실과는 전혀 무관하고, 오히려 하나님께서 반복해서 하신 명령에 대해 아무도 순종할 수 없다는 뜻의 "전적 무능력"을 의미한다.

"성경"이 말씀하는 인간의 타락

인간의 타락은 매우 "중요한 교리"다. 이는 자신이 타락한 죄인이라고 생각하는 사람만이 구주의 필요성을 인식하여 그분을 믿고 영접할 수 있기 때문이다. 인간이 완전히 타락했다는 사실을 믿지 않으면 절대로 구원받을 수 없다. **따라서 인간의 타락은 "성경적 교리"다**.

- 『보소서, 내가 죄악 중에서 조성되었고 죄 중에서 내 어머니가 나를 배었나이다』(시 51:5).
- 『악인들은 모태로부터 벗어났으며 그들은 태어나면서부터 거짓을 말하며 곁길로 나가는도다』(시 58:3).
- 『**주**께서 그 향기를 맡으시고 **주**께서 그 마음속으로 말씀하시기를 "내가

다시는 사람으로 인하여 땅을 저주하지 않으리니, 이는 사람의 마음의 상상이 어려서부터 악함이라. 내가 다시는 내가 행한 것과 같이, 살아 있는 모든 것을 죽이지 아니하리라』(창 8:21).

모든 인간은 태아에 있을 때부터 죄악을 지니고 있고(욥 14:4, 시 51:5), 죄와 허물들 가운데 죽은 채로 태어나며(엡 2:1,5), 태어나면서부터 거짓을 말하고(시 58:3), 아주 어렸을 때부터 타락한 죄인으로 성장해 간다(창 8:21). 하나님과는 원수 관계에 있고(롬 5:10), 마귀의 자식으로 태어난(요 8:44) "진노의 자녀"(엡 2:3)요, "불순종의 자식"(골 3:6)이다. 마음은 만물보다 악하여서(렘 17:9) 어떤 것이 좋고 어떤 것이 나쁜 것인지조차 올바르게 분간할 수 없을 만큼 타락했다. 특히 성경은 인간을 가리켜 "먼지와 같은 존재"라고 말씀하시며, "지나가는 바람," "말라 버리는 풀," "부패한 씨," "길을 잘못 들어선 양"이나 "벌레" 같은 존재라고 말씀하신다. **이처럼 인간은 경건하고 거룩한 존재가 아니라 "완전히" 그리고 "전적으로" 타락한 존재다!**

어떤 목사가 인간의 타락한 마음에 관해 설교했다. 그가 설교를 끝마쳤을 때, 한 사람이 와서 이렇게 말했다. "저는 목사님께서 설교하신 '타락한 마음'에 대해 동의할 수도, 받아들일 수도 없습니다." 그러자 그 목사는 웃으면서 이렇게 응수했다. "굳이 그것을 받아들일 필요는 없습니다. 이미 그런 타락한 마음이 당신 안에 있으니까요!

■ 새롭게 깨달았거나 적용할 내용이 있다면 적어 보세요. ■

"칼빈주의자"가 말하는 인간의 타락

칼빈주의자들이 주장하는 타락은 "성경이 말씀하는 인간의 타락"과 완전히 다르다. 그들은 "사람이 너무나 타락해서 예수 그리스도를 믿을 수조차 없는 '**전적인 무능력**' 상태에 빠져 있다."라고 주장한다. 곧 허물과 죄 가운데 죽어 있는 인간이 예수 그리스도를 구주로 받아들이기 위해 할 수 있는 일은 아무것도 없으며, 인간의 타락이 그 "의지"에까지 미쳤기 때문에 예수님을 믿거나 거절하는 일, 그 어떤 것도 자발적인 의지나 선택의 행위로 결정할 수 없다는 것이다. 비록 하나님께서 예수 그리스도를 믿고 영접하라고 명령하셨음에도 불구하고 전적으로 무능력한 인간은 예수 그리스도를 영접할 수 없다는 것이다. **이처럼 그들이 주장하는 "전적 타락"은 성경에서 가르치는 "전적 타락"이 아니라 인간적인 신학 체계에 따라 임의로 성경의 가르침을 왜곡해서 만들어 낸 "전적 무능력"이다**.

- 존 칼빈의 〈기독교 강요〉

"타락하여 영적 파멸에 들어간 인간에게서 여전히 자유 선택을 찾는 자들이야말로 분명히 어리석음을 저지르고 있는 자들이다"(제1권 1장 8절).

"인간은 선택의 자유를 박탈당한 채 비참한 노예의 신분으로 전락해 있다"(제2권 2장 제목).

"의지는 죄의 속박을 받아 노예 상태에 빠졌으므로 선을 향해 움직일 수 없다"(제2권 3장 5절).

- 웨스트민스터 신앙고백

"인류가 선에 대하여는 전적으로 무능해졌고 악에 대하여는 전적으로

기울어지게 된다"(제6장 4절).

"아담이 범죄한 후에는 구원에 이르는 선을 소원할 의지력이 전혀 없어졌다... 그 자신의 힘으로는 회개할 수도 없고 회개할 준비도 못한다"(제9장 3절).

■ 아더 핑크

"죄인은 스스로 회개하거나 믿을 수 없다." "인간의 자유의지는 타락으로 인해 더럽혀졌다."

인간의 타락은 "의지"에까지 미치지 않았다!

인간의 타락이 의지에까지 미쳤다는 "전적 타락"은 성경을 배격하는 것이요, "사탄적인 가르침"이다. 왜냐하면 구약 시대에 자신의 "자유의지"(freewill)를 통해 하나님께 다가가서 섬겼던 사례들이 성경에 나오기 때문이다. 그래서 "**자원하는 제물**"(freewill offerings, 레 22:18,21,23; 23:38, 민 29:39, 신 12:6,17; 23:23, 스 1:4; 3:5; 7:16, 시 119:108), "**자원하는 제사**"(a freewill offering, 민 15:3), "**자원하는 예물**"(freewill offerings, 신 16:10, 대하 31:14, 스 8:28, a willing offering, 출 35:29), "**자원하는 모든 자**"(all they... which are minded of their own freewill, 스 7:13)와 같은 표현들이 자주 등장하는 것이다.

구약 시대의 어떤 성도들도 거듭난 적이 없었고, 그리스도 안에 있지도, 그리스도 안에서 선택되지도 않았으며, 성령 하나님에 의해 살리심을 받지 못했지만, 그들은 "자원하여," 곧 "자유의지"를 사용해서 하나님께 다가가 섬길 수 있었다. 또한 하나님께서는 죄인들에게 『**주 예수 그리스도를 믿으라.**』(행 16:31)라고 말씀하시고, 『**어디에 살고 있는 어떤 사람에게도 회개하라고 명령**』(행 17:30) 하시는데, 이것은 "자유의지"를 사용할 것을 촉구하는 명령이다.

D.L. 무디는 자신이 너무 심각한 죄로 인해 전적으로 타락했기 때문에 예수 그리스도를 믿을 수 없다고 말하는 한 청중에게 다음과 같이 단호하게 말했다. "할 수 없다고 말하지 말고, 받아들이지 않겠다고 말하세요!" 그러자 그는 솔직하게 "그렇다면 나는 받아들이지 않겠소!"라고 말했다. 한편 그 모습을 지켜보던 다른 사람이 이렇게 말했다. "저는 받아들이겠습니다." 또 다른 사람도 말했다. "저도 그렇게 하겠소!" "저도요!" 그 결과 20여 명이 예수 그리스도를 구주로 믿겠다고 하면서 앞으로 나와 믿고 구원받았다.

인간은 "자유의지"를 사용해서 믿을 수 있다!

모든 인간은 자신이 가진 "자유의지"를 사용해서 예수 그리스도를 믿고 영접할 수 있다. 그렇지 않으면 다음과 같은 "하나님의 초청"은 그야말로 무색해지고 만다.

■ 『또 성령과 신부가 말하기를 "오라." 하더라. 듣는 자도 "오라." 말하게 하고, 또 목마른 자도 오게 하며 원하는 자는 누구든지 생명수를 값없이 마시게 할지어다』(계 22:17).

■ 『그를 찾을 만한 때에 너희는 **주**를 구하며 그가 가까이 계실 때 그를 부르라』(사 55:6).

■ 『그러나 만일 그때부터 네가 **주** 너의 하나님을 찾으면 네가 그를 만나리니, 네가 만일 네 마음을 다하고 네 혼을 다하여 그를 찾으면 그러하리라』(신 4:29).

■ 『너희가 너희의 온 마음으로 나를 찾으려 하면 너희는 나를 찾게 되고 나를 만나리라』(렘 29:13).

■ 『그러나 믿음이 없이는 하나님을 기쁘시게 할 수 없나니, 하나님께 나아가는 자는 그분이 존재하시는 것과 그분이 자기를 열심히 찾는 자들에게 보상하는 분이심을 마땅히 믿어야 하느니라』(히 11:6).

만일 칼빈주의자들의 주장대로 "전적 타락"이 "전적 무능력"을 의미하는 것이라면, 하나님께서는 어떤 죄인이 구원을 받지 못한 것에 대해 "책임"을 물으실 수도 없고, 또 그것에 대해 정죄하실 수도 없다. 『**아들을 믿는 자는 영생을 가졌고 그 아들을 믿지 않는 자는 생명을 보지 못하고 오히려 하나님의 진노가 그 사람 위에 머물러 있느니라."고 하더라**』(요 3:36). 당신이 창세전에 선택된 사람이고, 구원받기로 예정된 사람이라면, 당신이 믿고 구원받기 전에 당신 위에 계속 머물러 있던 하나님의 진노에 대해 어떻게 설명할 것인가? 어떻게 선택받은 사람 위에 하나님의 진노가 머물러 있을 수 있단 말인가?

칼빈주의자들에 따르면, 하나님께서 인간의 구원을 통해 영광을 받으시기 위해서는, 즉 전적으로 모든 영광이 하나님께 돌아가기 위해서는 인간이 믿음으로 선택하는 것이나 자유의지로 예수 그리스도를 영접하는 일이 생겨서는 안 된다. 곧 오직 하나님께만 모든 영광이 돌아가기 위해서는 인간은 아무것도 할 수 없고 예수 그리스도를 영접할 수 없다는 것이다. 그러나 이것은 상식적으로도 말이 안 된다.

사실 하나님께서는 인간이 예수 그리스도를 영접하여 하나님의 복음에 믿음으로 순종할 때 더 큰 영광을 얻게 되신다. 하나님께서는 복음의 능력에 대해 이렇게 말씀하셨다. 『**내가 그리스도의 복음을 부끄러워하지 아니하노니 이는 이 복음이 믿는 모든 사람을 구원에 이르게 하는 하나님의 능력이 됨이라. 첫째는 유대인에게요, 또한 헬라인에게로다**』(롬 1:16). 분명히 이 명령에 순종하여 복음을 "믿을 때" 구원받을 수 있고, 그때야 비로소 하나님께서는 영광 받으실 수 있다. 이러한 믿음이 선행되기 전까지는 그 어떤 형태로도 하나님께서는 칼빈주의자들이 말하는 영광을 얻으실 수 없다!

■ 새롭게 깨달았거나 적용할 내용이 있다면 적어 보세요. ■

제2과
복습문제

1. 성경이 가르치는 "전적 타락"과 칼빈주의자들이 주장하는 "전적 타락"은 그 개념이 동일하다. (O , X)

2. 칼빈주의자들이 주장하는 "전적 타락"은 사실 "전적 (　　　　　　)"을 의미한다.

3. 성경적인 관점에서, 인간은 너무나 타락해서 예수 그리스도를 믿을 수조차 없는 상태에 빠져 있다. (O , X)

4. 인간의 타락이 "의지"에까지 미친 것은 아니다. (O , X)

5. 칼빈주의자들의 주장대로 "전적 타락"이 "전적 무능력"을 의미하는 것이라면, 하나님께서는 어떤 죄인이 구원을 받지 못한 것에 대해 "책임"을 물으실 수도 없고, 또 그것에 대해 정죄하실 수도 없다. (O , X)

6. 『그러나 누구든지 그를 (　　　　　　) 사람들에게는 하나님의 아들들이 되는 권세를 주셨으니, 즉 그의 이름을 (　　　　　　) 사람들에게니라』(요 1:12).

■ 복습 문제의 정답은 홈페이지(www.solomonbtc.org)에서 확인할 수 있습니다.

NOTES

NOTES

제3과

구원의 소망을 상실시킨 "무조건적인 선택"

『하나님께서 세상의 기초를 놓으시기 이전에 우리로 사랑 안에서 그분 앞에 거룩하고 흠 없게 하시려고 그리스도 안에서 우리를 택하시어 하나님의 기쁘신 뜻에 따라 예수 그리스도를 통하여 우리를 자신의 자녀로 입양할 것을 예정하셨으니』(엡 1:4,5).

무조건적인 선택

1. "무조건적인 선택"이란 무엇인가?

➡ 칼빈주의자들이 말하는 "무조건적인 선택"(Unconditional Election)이란, 하나님께서 영원 전에 어떤 사람은 구원받을 사람으로, 또 어떤 사람은 저주받을 사람으로 무조건 선택해 놓으셨다는 것을 가리킨다.

2. 무조건적인 선택은 전적 타락이라는 교리에 의존하고 있다.

➡ 만일 모든 사람이 주 예수 그리스도를 영접할 수 없을 정도로 무능력하다면 어떤 사람도 구원받을 수 없을 것이다. 이와 같은 칼빈주의자들의 논리에 따르면 자연스럽게 하나님께서는 구원받을 사람들을 무조건으로 선택하셔야만 한다는 논리가 서게 된다. 하지만 인간의 의지를 무능력하게 보는 전적 타락의 교리가 틀렸다면, 이에 의존하고 있는 무조건적인 선택이라는 교리 또한 틀리게 된다. 이처럼 무조건적인 선택에 관한 교리는 전적 타락이라는 교리에 의존하고 있으며 둘은 서로 밀접한 연관을 갖는다.

칼빈주의자들의 주장

1. 성경의 모든 구절을 무조건적인 선택에 적용하여 해석한다.

➠ 칼빈주의자들은 무조건적인 선택이 곧 "복음"이라고 주장한다. 따라서 무조건적인 선택이라는 교리를 부인하는 것은 은혜로 구원받는다는 교리를 부인하는 것이며, 이는 곧 "인간이 허물과 죄들 가운데 죽어 있다는 성경의 진리를 부인하는 것"이라고 주장한다.

2. 무조건적인 선택의 교리를 하나님의 주권과 연관 지어 설명한다.

1) <u>무조건적인 선택은 하나님께서 창세전에 정하신, 곧 "영원한 주권적인 결정"이라고 주장한다</u>.

(1) **『그러나 우리의 하나님은 하늘들에 계시며 하시고자 하는 일은 무엇이나 행하셨도다.』**(시 115:3)와 같은 말씀을 근거 구절로 제시하면서, "하나님께서는 주권과 절대 권력을 갖고 계시기에 원하시는 일은 무엇이나 주권적으로 행하실 수 있는 분이시고, 영원 전에 주권을 가지고 내리신 '한 가지 영원한 결정'만을 갖고 계시며, 또한 그 예정하신 결정에는 '모든 것'이 포함되어 있다."라고 주장한다. 〈웨스트민스터 신앙고백〉에서도 「영원하신 하나님께서 자신의 가장 현명하신 뜻에 따라 모든 것을 결정하셨다. 그분은 결코 변경할 수 없는 것을 정하셨는데, 무엇이 일어나든지 자기 뜻에 따라 그렇게 결정해 놓으셨다. 당신이 생각하고 있는 것조차 하나님께서 모두 예정하신 것이다.」라고 말하고 있다.

(2) <u>**이런 칼빈주의자들의 주장을 따르면 모든 죄의 책임을 하나님께로 돌릴 수밖에 없다**</u>. 만약 어떤 사람이 집에 불을 지르고 자살을 했다고 했을 때, 칼빈주의자들에 따르면, 이 일에 대한 책임이 주권적으로 미리 정해 놓으신 하나님께 있는 것이 된다. 하지만 이것은 매우 "신성모독적인" 사악한 가르침이다.

2) 성경 구절들을 억지로 자신들의 교리에 끼워 맞추고 있다.

➡ 『사람이 마음으로 준비하는 것과 그 혀의 대답은 **주**께로부터 나느니라』(잠 16:1). 『사람의 마음이 자기의 길을 계획하나, **주**께서 그의 걸음들을 인도하시느니라』(잠 16:9). 『사람의 걸음은 **주**께로부터 비롯되나니, 사람이 어찌 자기의 길을 알 수 있으랴?』(잠 20:24) 이 구절들에서 『**주께로부터 나느니라**』, 『**주께서... 인도하시느니라**』, 『**주께로부터 비롯되나니**』와 같은 표현을 오용하여 "하나님께서 예정하셨다."라고 왜곡해서 해석함으로써 성경 구절들을 자신들의 교리에 억지로 끼워 맞추고 있다. 하지만 성경은 "모든 것이 창세전에 예정되었다."라는 그들의 주장과 달리 모든 것이 예정되어 있는 것은 아니라고 가르치고 있다.

성경적 해석

1. 칼빈주의의 예정론을 반박하는 구절들

1) **『그들은 또 바알의 산당들을 지어 자기들의 아들들을 바알에게 번제물로 주어 불로 사르게 하였으니 그것은 내가 명령한 것도, 말한 것도 아니며 내 마음에 둔 것도 아니니라』**(렘 19:5). 만일 하나님께서 영원 전에 모든 것을 예정하셨다면 어떻게 하나님께서 의도하시지 않은 일들과 마음에 두시지도 않은 일들이 일어날 수 있는가?

2) 하나님의 허락하심이 있다. 욥이 당한 고난은 사탄에 의해서 일어난 일

이지만 그것은 하나님께서 허락하신 일이었다(욥 1:12; 2:6,7). 성경에서 하나님께서 무엇을 하셨다고 말씀하는 것은 많은 경우에 있어서 실제로 누군가가 그것을 행하도록 하나님께서 허락하셨다는 의미를 담고 있다. 칼빈주의자들은 "허락하신 것"과 "미리 정해 놓으신 것" 사이의 큰 차이를 모른다.

3) "조건부"로 하시는 말씀에서 모든 것이 다 예정된 것이 아니라는 사실을 알 수 있다. **『만일 너희 가운데서 행한 능력 있는 일들을 투로와 시돈에서 행하였더라면 그들은 벌써 베옷을 입고 재에 앉아 회개하였으리라』**(눅 10:13). 이것은 투로와 시돈의 멸망이 예정된 것이 아니라 상황에 따라 바뀔 수 있었던 일임을 보여 준다.

4) 성경은 "가능성"을 말씀한다.

(1) **『우리가 이방인들의 구원을 위하여 말하는 것을 금지시킴으로써 항상 자신들의 죄들을 채우니, 이는 그들에게 임한 진노가 극에 달하였음이니라』**(살전 2:16). 바울이 말하는 것은, 자신이 이방인들에게 복음을 전했다면 그들이 구원받을 수도 있었을 텐데, 복음을 전파하는 일을 일단의 유대인들이 방해함으로써 구원받을 수도 있었던 그 이방인들이 구원받지 못하는 사태가 벌어졌고, 하나님께서는 이 일에 대해 크게 진노하셨다는 것이다. 이처럼 "가능성"은 가변적이어서 칼빈주의자들의 예정과 결코 연계될 수 없다.

(2) **『내가 불렀으나 너희가 거역하였고 내가 손을 내밀었으나 아무도 개의치 아니하였으며 오히려 나의 모든 조언을 무시하였고 나의 책망을 받아들이지 아니하였으므로』**(잠 1:24,25). 인간이 하나님의 부르심에 거역하고 그분의 조언을 무시하며 그분의 책망을 받아들

이지 않을 수 있기 때문에, 하나님께서 모든 것을 미리 정해 놓으셨다는 칼빈주의자들의 교리는 결코 성립될 수 없다.

5) **성경에는 "우연"이라는 요소도 나온다**. **『그때 어떤 제사장이 우연히 그 길을 가다가 그를 보았으나 다른 편으로 지나갔으며』**(눅 10:31). 본문의 제사장이 강도들을 만나 반쯤 죽어 있는 사람을 본 것은 창세전에 예정된 일이 아니라 "우연히" 일어난 일이라고 성경은 말씀한다.

6) **"누구든지 믿으면" 멸망하지 않는다**(요 3:16). 칼빈주의자들의 주장대로라면 "누구든지" 영생을 얻을 가능성이 아닌데, 성경은 "누구든지" 영생을 얻을 가능성을 열어 두고 있다.

7) **기도는 왜 하는가?** 세세한 모든 것이 정말로 창세전에 "미리 계획되어" 있다면 우리는 왜 기도를 해야 하며, 또 하나님께서는 왜 우리에게 항상 기도하라고 말씀하신 것인가?(살전 5:17)

2. "완악하게 하셨다"와 "영원히 버리셨다"

> 성경에서 "하나님께서 어떤 사람의 마음을 완악하게 하신다"는 표현이 나올 때, 그 구절들은 "구원"을 다루고 있지 않음에도 칼빈주의자들은 문맥을 전혀 고려하지 않고 "완악하게 하셨다"는 말씀에만 집착하여 그들의 "버리심"의 교리에 관한 예정론으로 해석한다.

1) **『오 주여, 어찌하여 주께서는 우리를 주의 길에서 벗어나게 하시며, 우리의 마음을 완악하게 하사 주를 두려워함에서 멀게 하시나이까? 주의**

종들을 위하여, 주의 유업의 족속들을 위하여 돌아오소서』(사 63:17).

➡ 주님께서는 모든 유대인을 지옥에 보내시기로 창세전에 예정하신 것인가? 본문은 이어지는 이사야 64장과 연결되는 말씀으로서, "영원히 버림받음"을 보여 주는 것이 아니라 주님의 재림으로 말미암은 "민족적 구원에 대한 열망"을 나타내고 있다.

2) **『그들이 빵의 기적도 이해하지 못하였으니 이는 그들의 마음이 완악해진 연고니라』**(막 6:52).

➡ 제자들의 마음이 완악해졌다면 그들은 영원히 버림받은 것인가?

3) **『성경이 파라오에게 말하기를 "이 목적을 위하여 내가 너를 세웠으니 이는 내가 너에게 나의 능력을 보이고 또 내 이름이 온 땅에 선포되게 하려 함이라." 하셨으니 그러므로 그분께서는 자비를 베푸시고자 하는 자에게 자비를 베푸시고 또 원하시는 자를 완악하게 하시느니라』**(롬 9:17,18).

➡ 파라오는 하나님의 능력을 보이고, 하나님의 이름이 온 땅에 선포되게 할 목적으로 "세워진 것"(raised up)이지, 하나님의 주권적인 영원한 판결에 의해 그를 지옥에 보낼 목적으로 "지음받은 것"(created)이 아니다. <u>그리고 하나님께서 어떤 사람의 마음을 완악하게 하셨을 때, 그것은 하나님께서 그 사람을 처음부터 완악하게 하신 것이 아니라, 그 죄인이 그의 자유의지를 잘못 사용함으로써 하나님께서 더 이상 참지 못하시는 어떤 막다른 지점에까지 이르시게 되었음을 말한다</u>. 파라오의 마음을 완악하게 하셨다는 것은 파라오 개인의 구원과 관련 있는 일이 아니었다.

3. 하나님께서 어떤 사람을 선택하시기로 무조건 예정해 놓으셨는가?

『그때 주께서 밤에 환상으로 바울에게 말씀하시기를 "두려워 말고 전파하며 잠잠하지 말라. 내가 너와 함께 있는 이상, 아무도 너를 해치지 못할 것이니 이는 이 성읍 안에 내 백성이 많음이라."고 하시더라』(행 18:9,10). 이 성읍 안에 "내 백성이 많음이라."라고 하셨지, "선택한 내 백성이 많음이라."라가 아니었다. 만일 이 사람들이 하나님께서 창세전에 구원을 받도록 선택하신 백성들이라면, 왜 바울이 그들에게 가서 복음을 전해야 하는가? 만일 바울이 이 성읍에 가서 복음을 전파하지 않았다면 그 성읍 사람들은 어떻게 되었겠는가? 하나님께서 선택하신 백성도 지옥에 가는 것인가? 본문에서 "내 백성"이라고 하신 많은 사람들은 그 성읍에서 예수 그리스도를 믿은 사람들을 가리키는 것이지 창세전에 구원받기로 선택하신 자들이 아니다(행 18:2,5,7,8).

칼빈주의자들의 용어 설명

1. 하나님께서 "미리 정하심"(ordain)

➡ 칼빈주의자들의 주장 : **『이방인들이 이 말을 듣자 기뻐하며 주의 말씀을 찬양하였고 영원한 생명을 얻기로 정해진 자들은 다 믿더라』**(행 13:48). 하나님께서 역사를 통해 말씀하신 모든 것들은 창세전에 이미 정하신 것들이다. 창세전에 미리 정해 놓으셨고, 그 정하신 순서에 따라 사도행전 13:48의 말씀에서처럼, 영원한 생명을 얻기로 정해진 이방인들이 영원한 생명을 얻은 것이다.

1) **만일 이 이방인들이 영원한 생명을 얻기로 정해진 자들이라면 유대인들은 어떠한가?** 유대인들은 그렇게 정해진 자들이 아니던가? 본문의 "영원한 생명을 얻기로 정해진 자들"은 사도행전 13장이 기록된 당시의 사람들을 가리키고 있는데 그렇다면 그 시대에 살지 않은 사람들은 어떠한가?

2) **이 구절은 "당신이 구원받으려면 당신이 창세전에 구원받기로 정해진 사람이어야만 한다"라거나 "어떤 사람은 구원받지 못하도록 창세전에 버림받았다"라고 말씀하고 있지 않다.** 아울러 "구원받은 모든 사람이 미리 정해진 사람이다"라거나 "모든 이방인이 미리 정해진 것이다"라고도 말씀하고 있지 않다.

2. 하나님께 "주어짐"(given)

➠ 칼빈주의자들의 주장 : **『아버지께서 아들에게 모든 육체 위에 권세를 주신 것은 아들에게 주신 모든 사람에게 영생을 주게 하려 하심이니이다』**(요 17:2). "아들에게 주신 모든 사람"은 아버지께서 창세전에 선택하신 자들로서 이들을 예수 그리스도께 주신 것"이다.

1) **요한복음 17:6을 보면 "그 사람들"(men)은 남자들을 가리키는 것을 알 수 있는데 그렇다면 남자가 아닌 여자들은 모두 구원받지 못하는 것인가?**

2) 본문은 어떤 사람의 구원에 대해서가 아니라 예수님의 제자들에 관해 말씀하는 것이며, 더 나아가 요한복음 17:20에서 언급하는 제자들의 말을 통해 주님을 믿을 사람들을 말씀하시는 것이다. **즉 예수님께 주어진 자들이란 예수 그리스도를 믿음으로써 구원받은 자들을 뜻한다.**

3. "택함받음"(chosen)

➠ 칼빈주의자들의 주장 : 『주께서 택하시고 가까이 오게 하사 주의 뜰들에 거하게 하시는 사람은 복이 있나이다. 우리가 주의 집, 곧 주의 거룩한 성전의 아름다움에 만족하리이다』(시 65:4).

→ 이 구절 어디에도 구원이나 거듭남, 그리스도인, 의롭게 됨, 예수 그리스도의 희생적 속죄가 나오지 않음에도 불구하고 칼빈주의자들은 "택하시고"에 걸려 넘어져 이 구절이 "구원"과 관련이 있다고 주장한다. 이들은 성경에서 "택함"이란 단어가 나타나면 이것저것 생각할 것 없이 "하나님께서 구원하시기 위해 택하신 것이다."라고 해석해 버린다.

4. "택함"(election)

『내 종 야곱, 곧 나의 택한[mine elect] 이스라엘을 위하여 내가 너를 지명하여 불렀나니 네가 나를 알지 못하였을지라도 내가 네게 성을 붙였느니라』(사 45:4).

1) 여기서 "택함"은 다른 누구도 아닌 이스라엘 백성과 연관이 있다. 이들은 말씀 그대로 "주님의 택함을 받은 백성들"인 것이다.

(1) 이스라엘의 선택에 관해서 하나님께서는 이스라엘을 개인적으로 선택하지 않으셨다.

(2) 이스라엘 백성이 개인적으로 선택받은 것은 하나님과 개인적인 관계를 맺었을 때다.

(3) 이스라엘 백성은 "자연적인 출생"에 의해 민족적으로 선택된다.

(4) "선택"은 구원과 무관하다. 하나님께서 이스라엘 백성을 선택하셨지만, 그들을 선택하셨다고 해서 개개인을 구원하신 것은 아니다. 즉 어떤 유대인도 창세전에 구원으로 선택되지 않은 것이다.

2) 이스라엘 백성이 "민족적으로" 선택받은 백성인 것처럼, 교회도 교리적으로 보면 "집단적으로" 선택받은 백성이다. 『그러나 너희는 선택받은 세대요 왕 같은 제사장이며, 거룩한 민족이요, 독특한 백성이니, 이는 너희를 어두움에서 불러내어 그의 놀라운 빛으로 들어가게 하신 분의 덕을 너희로 선포하게 하려는 것이니라』(벧전 2:9).

(1) 교회가 선택받는 것은 "예수 그리스도"와 개인적인 관계를 맺는 것과 관련이 있으나, 구약에서 선택받는 것은 "하나님께서 택하신 백성"과 개인적인 관계를 맺을 때만 가능했다.

(2) 그리스도인들은 두 번째 출생(거듭남)을 통해 선택되지만, 이스라엘 백성은 첫 번째 출생을 통해 하나님과 관계를 맺는다.

(3) "선택"은 구원과 실제로 아무런 관련이 없다.

(4) 어떤 사람도 구원받기 전에는 개인적으로 선택될 수 없다. 창세전에 개인적으로 선택된 사람은 아무도 없다.

5. "예정"(predestination)에 대해 성경은 단지 네 번 언급하고 있다.

『그분께서는 미리 아신 자들을 자기 아들의 형상과 일치하게 하시려고 또한 예정하셨으니 이는 그를 많은 형제 가운데서 첫태생이 되게 하려 하심이니라. 그리하여 예정하신 이들을 또한 부르시고 부르신 이들을 또한 의롭게 하시고 의롭게 하신 이들을 또한 영화롭게 하셨느니라』(롬 8:29,30).

1) 칼빈주의자들은 로마서 8:29,30의 "예정"을 하나님께서 창세전에 내리신 "주권적인 판결"이라고 주장하면서 이 구절을 "무조건적인 선택"의 교리에 끼워 맞춘다.

2) **그러나 본문의 예정은 구원받을 것을 예정하셨다는 의미가 아니라 예수 그리스도께서 다시 오실 때 구원받은 그리스도인들이 그분과 똑같은 모습으로 변모될 것을 예정하셨다는 뜻이다**(요일 3:2).

『하나님께서 세상의 기초를 놓으시기 이전에 우리로 사랑 안에서 그분 앞에 거룩하고 흠 없게 하시려고 그리스도 안에서 우리를 택하시어 하나님의 기뻐신 뜻에 따라 예수 그리스도를 통하여 우리를 자신의 자녀로 입양할 것을 예정하셨으니...모든 것을 그 자신이 의도한 대로 행하시는 이의 목적을 따라 우리가 예정되어 그분 안에서 유업을 받았으니』(엡 1:4,5,11).

1) 칼빈주의자들은 에베소서 1:4,5을 1:9과 연결시켜서 하나님께서 그리스도 안에서 의도하신 그분의 임의적인 선하신 뜻대로 구원받을 사람을 예정해 놓으셨다고 주장한다. **하지만 베드로전서 1:2에 의하면 선택에는 "미리 아심"이라는 조건이 전제되어 있다**. 또한 영원과도 아무런 관계가 없으며, 『**성령의 거룩케 하심을 통하여, 순종함과 예수 그리스도의 피뿌림**』(벧전 1:2)이 전제된다.

2) **"세상의 창조 이전에 우리가 그리스도 안에 있었을 때 우리를 택하시어"가 아니다**. 하나님께서는 세상의 창조 이전에 이미 우리를 택하셨지만, 그 택하심은 갈보리 십자가 사건 이후 "그리스도 안에" 놓여 있다. 어떤

사람도 예수 그리스도를 구주로 믿기 이전에는 "그리스도 안에" 있지 않았다. "무조건적인 선택"을 말하는 사람들은 하나님의 선택하심이 단지 영원 속에서 이루어졌을 뿐만 아니라, 그 선택이 "미리 아심"에 근거하여 이루어졌고, 또 선택된 대상들은 "그리스도 안에" 있어야 한다는 사실을 모르고 있다. **우리가 예수 그리스도를 구주로 받아들였을 때 성령 하나님께서 예정하신 것은 우리가 "양자되는 것"(엡 1:5)과 "그리스도의 형상과 일치되는 것"이었다(롬 8:29).**

■ 새롭게 깨달았거나 적용할 내용이 있다면 적어 보세요. ■

제3과
복습문제

1. 칼빈주의자들이 하나님께서 영원 전에 어떤 사람은 구원받을 것으로 정해 놓으시고, 어떤 사람은 저주받을 것으로 정해 놓으셨다고 주장하는 교리는 무엇인가? (   )

2. 칼빈주의자들에 따르면 하나님께서는 그분의 절대적인 주권에 의해 모든 것을 창세전에 이미 결정해 놓으셨다. 그들의 주장대로라면 겉으로 드러나는 행동뿐만 아니라 속으로 가지고 있는 생각까지도 모든 것을 이미 정해 놓으셨다는 것인데, 이 주장에 따르면 모든 (   )의 원인이 하나님께 있다는 결론이 된다.

3. 요한복음 3:16은 창세전에 구원받기로 선택된 사람들만 구원받는다는 무조건적인 선택의 교리를 반박하고 있다. 이는 요한복음 3:16이 (   ) 믿으면 멸망하지 않고 영생을 얻을 수 있다는 가능성을 말씀하고 있기 때문이다.

4. 칼빈주의자들이 "예정"의 교리를 증명하기 위해 사용하는 로마서 8:29,30은 구원받을 것을 예정하셨다는 것이 아니라 예수 그리스도께서 다시 오실 때 우리가 그분과 똑같은 모습으로 변모될 것을 예정하셨다는 뜻이다. (O , X)

5. "무조건적인 선택"을 말하는 사람들은 하나님의 선택하심이 단지 영원 속에

서 이루어졌을 뿐만 아니라 그 선택이 (   )에 근거하여 이루어졌으며, 선택된 대상들은 (   ) 안에 있어야 한다는 것을 모르고 있다. 우리가 예수 그리스도를 구주로 받아들였을 때 성령 하나님께서 예정하신 것은 우리가 (   )되는 것(엡 1:5)과 그리스도의 형상과 일치되는 것"이었다(롬 8:29).

■ 복습 문제의 정답은 홈페이지(www.solomonbtc.org)에서 확인할 수 있습니다.

■ 새롭게 깨달았거나 적용할 내용이 있다면 적어 보세요. ■

NOTES

제4과

예수님의 피를 모독하는 "제한적 속죄"

『하나님께서는 모든 사람이 구원을 받고 진리의 지식에 이르기를 원하시느니라』(딤전 2:4).

제한적 속죄란?

제한적 속죄는 존 칼빈의 잘못된 가르침 가운데서도 가장 불경스럽고 가장 잘못된 교리이다. 이 교리는 요한복음 10:11에서 『**나는 선한 목자라. 선한 목자는 양들을 위하여 자기 생명을 내어 놓으나**』라고 하신 말씀과 에베소서 5:25에서 『**그리스도께서 교회를 사랑하셔서 교회를 위하여 자신을 주신 것같이**』라는 말씀에 근거를 두고 있다. 그들은 예수 그리스도께서 오직 선택된 자들만을 위해 죽으셨고, 하나님께서 택하신 사람들 외에는 그 누구를 위해서도 단 한 방울의 피도 흘리지 않으셨다고 가르치는데, 이는 하나님께 대한 "추악한 불경"이다.

칼빈주의자들의 주장

1. "제한된 속죄"를 증명하기 위해 네 가지 논쟁을 일삼고 있다.

1) 온 우주를 구원하기 위한 보편적인 속죄에 관해 논쟁을 벌인다.

➡ 예수 그리스도께서 모든 사람을 위해 죽으셨다면 모든 사람이 구원받아야 된다는 "만인 구원론"에 관한 논쟁을 불러일으키는데, 이러한 구원론은 말도 안 되기 때문에 보편적인 속죄는 틀린 교리라고

주장하는 것이다. 그러나 이러한 주장은 "보편적인 속죄"와 "비성경적인 만인 구원론"을 결부시킨 데서 나온 비정상적인 논리다.

2) <u>죄에 대해서 두 번 죗값을 지불한다는 것에 관해 논쟁을 벌인다</u>.

➠ "만일 예수 그리스도께서 모든 사람의 죗값을 지불하셨다면 어떻게 지옥에 가서 또 죗값을 지불하는 사람이 나올 수 있는가?"라고 질문을 던지는 것이다. 이런 궤변을 근거로 "예수 그리스도께서 모든 사람을 위해 죽지 않으셨다."라고 주장하면서, 어떤 사람들은 예수 그리스도의 속죄와 무관하므로 무조건 지옥에 던져져서 자신들의 죗값을 지불하게 된다고 주장한다.

3) <u>아담과 예수 그리스도의 관계에 관해 논쟁을 벌인다</u>.

➠ 아담의 죄로 인해 모든 사람이 정죄받는 것은 불가능하다고 주장한다. 이렇게 주장하는 실제 의도는 예수 그리스도의 의가 모든 사람을 구원할 수 없다고 말하려 하는 데 있다. 즉 아담의 죄가 모든 사람에게 영향을 미치는 것이 아니므로, 예수 그리스도의 속죄 또한 모든 사람을 위한 것이 아니라 선택된 특정한 사람들만을 위한 것이라고 주장하는 것이다.

4) <u>"믿지 않는 죄"에 관해 논쟁을 벌인다</u>.

➠ "만일 주 예수 그리스도께서 모든 죄인을 위해 죽으셨다면, 거기에 믿지 않는 죄도 포함되는가?"라든지, "주 예수 그리스도께서 모든 사람을 위해 죽으셨다면 하나님께서 어떻게 그 사람들이 믿지 않는 것을 탓할 수 있는가?"라고 묻는다. 예수 그리스도께서 모든 죄를 위해 죽으셨다면 주님께서는 "믿지 않는 죄"를 위해서도 죽으신 것이라는

말도 안 되는 궤변을 일삼으면서 자신들의 거짓 교리를 정당화하려 하는 것이다.

2. "속죄"와 "속죄의 적용"에 관한 오류

1) <u>칼빈주의자들은 "제한적 속죄"를 성경적인 교리로 만들기 위해 "속죄와 속죄의 적용이 동시에 일어난다"는 거짓 교리를 만들어 냈다</u>. 이것은 창세전에 택함받은 사람들만 구원을 받고 십자가 이후로는 그 외에 어떤 사람에게도 속죄가 적용되지 않게 하려고 만든 교리인데, 이는 예수 그리스도의 보편적인 속죄를 부정한다. 말하자면 주님께서 갈보리 십자가에서 속죄를 이루시는 순간 그 속죄가 창세전에 택함받은 사람들에게 적용되었다는 가르침인 것이다.

(1) <u>성경은 "속죄"와 "속죄의 적용" 시점이 서로 다르다고 증거한다</u>. 출애굽기 12장에서 이스라엘 백성은 첫태생의 죽음의 재앙에서 피하기 위해 유월절 양을 잡아(속죄) 그 피를 문기둥에 뿌려야만(적용해야) 했는데, 만일 그들이 양을 잡고 나서(속죄) 그 피를 문기둥에 뿌리지 않았다면(즉 속죄의 적용을 하지 않았다면), 비록 양을 잡았더라도 그들의 첫태생은 모두 죽게 되었을 것이다(출 12:6,7).

(2) 『**형제들아, 내가 너희에게 전한 복음을 이제 너희로 알게 하노니 이는 너희가 받았고 그 안에 선 것이라. 만일 너희가 내가 전한 복음을 굳게 잡고 헛되이 믿지 아니하였다면 복음을 통하여 너희도 구원받은 것이라. 내가 받은 것을 먼저 너희에게 전달하였나니 이는 성경대로 그리스도께서 우리의 죄들로 인하여 죽으시고 장사되셨다가 성경대로 셋째 날에 다시 살아나셔서**』(고전 15:1-4). 예수 그리스도께서 인류의 죄를 대속하셨다 해도 그 사실을 거부하거나

헛되이 믿는다면 구원받지 못하게 된다.

(3) **예수 그리스도께서는 모든 사람을 위해 죽으셨지만, 그 죽음을 개인적으로 적용한 사람들만 구원받을 수 있다.** 『**세상 죄를 제거하는**[속죄하는] **하나님의 어린양이라**』(요 1:29). 『**하나님께서 세상을 이처럼 사랑하셔서 그의 독생자를 주셨으니**[속죄], **이는 그를 믿는 사람은** [속죄의 적용] **누구든지 멸망하지 않고 영생을 얻게 하려 하심이니라**』(요 3:16).

성경적 해석

1. 제한적 속죄를 주장하기 위해 성경을 왜곡해서 적용한다.

1) 요한복음 3:16을 인용하면서 "예수 그리스도께서 일반적인 세상을 위해 죽으신 것이 아니라 "선택된 사람들의 세상을 위해 죽으셨다"고 가르친다.

(1) 성경에 없는 "선택된"이라는 말을 첨가하여 설명하고 있다. 그러나 성경은 "세상"에 대해서 항상 부정적인 말씀으로 일관하고 있으며, 세상의 그 어떤 것도 선택되었다고 말씀하고 있지 않다(요 17:9,16; 15:19, 고전 1:21).

(2) 본문의 원래 의미는 누구나 믿으면 구원받을 수 있고, 누구나 믿지 않으면 멸망하게 된다는 뜻이지만, 칼빈주의자들처럼 "세상"을 "선택된 사람들"로 적용을 하면 "선택된 사람들" 중에서도 믿는 사람들은 구원을 받고 믿지 않는 사람들은 멸망하게 된다는 의미가 된다. 그들이 가르치는 바에 비추어 볼 때 창세전에 구원받기로 선택받은

자들도 믿지 않으면 멸망할 수 있는 것이다.

(3) **부정적인 세상에 관해서 요한일서 5:19에서는 "온 세상"이 악함 속에 놓여 있다고 말씀한다.** "온 세상"은 선택받은 사람들이 아니며, 말 그대로 마귀의 통치를 받는 세상일 뿐이다. 또한 그것은 악함 속에 놓여 있으므로 분명 온 세상은 구원받지 않은 사람들을 가리키게 된다. 성경에서 "세상"은 결코 하나님께서 선택하신 사람들을 의미하지 않는다.

2) 『**그가 모든 사람을 위하여 자신을 몸값으로 내어주셨으니 때가 이르면 증거되리라.**』(딤전 2:6)라는 말씀에서 모든 사람을 "모든 선택된 사람들"이라고 가르친다. 그러나 디모데전서 2:1,2에서는 이 모든 사람 안에 "왕들과 권세 있는 모든 사람"이 포함되어 있음을 보여 주고 있다. 왕들과 권세자들이 다 선택받은 사람들인가? 절대 그렇지 않다! 그들은 2절의 "우리"와 대조되는 사람들로서 결코 선택받은 사람들이라고 말할 수 없다.

3) **마태복음 1:21을 인용하여 예수 그리스도께서 특정한 사람들, 즉 선택된 자들을 위해 죽으셨다고 주장한다.** 그러나 요한복음 1:10,11을 통해 "자기 백성"이 창세전에 선택된 이스라엘이나 선택된 사람들을 말하는 것이 아니라 "일반적인 이스라엘 백성"을 언급하는 것임을 알 수 있다. 과연 선택된 사람들이 그분을 몰랐고 그분을 영접하지 않았다는 말인가?

4) **사도행전 20:28과 에베소서 5:25을 인용하여 그리스도께서 자신을 주신 대상은 "교회"이지 "세상"이 아니라고 주장한다.** 그러나 그리스도께서 모든 다른 사람들을 제외하시고 오직 교회만을 위해 죽으셨다는 것은 성경의 진리에 역행하는 일이다. 예수 그리스도께서는 『**모든 사람들 특히**

믿는 사람들의 구주』(딤전 4:10)이시기 때문이다(갈 6:10).

2. 제한적 속죄는 성경적으로 불가능한 교리이다.

1) 예수 그리스도께서는 자신을 "인자"라 부르셨고, 고린도전서 15:47에서는 "둘째 사람"으로, 고린도전서 15:45에서는 마지막 아담으로 불리신다. 특히 고린도전서 15:22에서는 『**이는 아담 안에서 모든 사람이 죽은 것 같이 그리스도 안에서 모든 사람을 살게 하려 함이라.**』라고 말씀하고 있다. 말하자면 이 세상에 있는 모든 사람은 아담 안에 있든지, 마지막 아담이신 예수 그리스도 안에 있든지 둘 중 하나인 것이다.

2) **첫째 사람인 아담이 타락함으로써 모든 사람이 타락하게 된 것처럼, 둘째 사람이신 인자, 곧 예수 그리스도께서 온 인류를 위해 속죄하심으로써 인류에게 생명의 길을 열어 놓으셨다.** 아담의 죄가 모든 사람에게 영향을 끼쳤던 것처럼, 인자이신 예수 그리스도의 속죄 사역 역시 모든 사람에게 영향을 끼치게 된다(롬 5:14-19).

3. 예수 그리스도의 속죄가 지니는 성경적 중요성

1) **모든 사람이 허물과 죄들 가운데서 죽은 채로 태어난다**(엡 2:1). 예수 그리스도께서 이 세상에 오신 이유는 이처럼 허물 가운데 죽었던 죄인들을 대신하여 속죄하시기 위한 것이었지, 이 세상에 평화를 가져오려고 오신 것이 아니었다(딤전 1:15).

2) **예수 그리스도의 속죄만이 하나님의 공의를 만족시킬 수 있다.** 『**곧 이때**

에 자기의 의를 선포하심은 자신도 의롭게 되시고 또한 예수를 믿는 자도 의롭다 하려 하심이니라』(롬 3:26). 이것이 갈보리 십자가에서 보이신 "하나님의 공의"다. 그런데 공의로우신 하나님께서 하실 수 없는 일이 있으니, 그것은 속죄가 아직 치러지지 않았는데 죄인을 용서하시어 그를 의롭다고 하시는 일이다. 따라서 갈보리 십자가에서 속죄가 치러지기 전에, 그러니까 창세전에 죄인을 용서하시고 그를 의롭다고 하셨다는 것은 말도 안 되는 주장인 것이다.

3) 속죄는 이미 완성되었는데, 이와 관련하여 히브리서 10:10-14에서는 한 가지 제사와 한 가지 속죄만을 말씀하고 있다. 『**그 뜻에 따라 한 번 예수 그리스도의 몸을 드리심으로 우리가 거룩하게 된 것이라. 제사장마다 매일 서서 섬기며, 똑같은 제사를 자주 드리지만 이것으로써는 결코 죄들을 제거할 수 없으나 이분은 한 번의 속죄제를 영원히 드린 후 하나님의 오른편에 앉으셔서 그 후로는 그의 원수들을 자기 발판으로 삼으실 때까지 기다리시느니라. 이는 그가 한 번의 제사로써 거룩하게 된 자들을 영원히 온전케 하셨기 때문이라.**』 예수 그리스도께서는 이미 십자가에서 속죄 사역을 이루어 놓으셨다. 다른 속죄는 더 이상 필요 없는 것이다.

4) 하나님께서는 모든 사람이 구원받기를 원하고 계신다(딤전 2:4,6).

5) 제한적 속죄는 하나님 앞에 절대로 내놓아서는 안 되는 가증하고 불경스러운 논리다. 베드로후서 2:1에는 그리스도께서 구원받지 못한 거짓 교사들과 거짓 선지자들을 위해서도 피를 흘리셨다고 기록되어 있기 때문이다. 따라서 그리스도께서 선택된 자들만을 위해 피를 흘리셨다고

가르치는 것은 하나님을 거짓말쟁이로 만드는 것이며, 하나님의 말씀을 기록하신 성령님을 모독하는 것이다. **제한적 속죄는 찰스 웨슬리가 말한 것처럼 "오, 끔찍한 선언이여, 그 말을 한 자에게나 마땅한 말이로다. 그것을 어린양께로 돌린 자들의 끔찍한 불경을 용서하소서."라는 말을 들을 만한 거짓 가르침인 것이다.**

◈ 성경이 말씀하시는 것은 "제한이 없는 속죄"이다. ◈

『하나님께서는 모든 사람이 구원을 받고 진리의 지식에 이르기를 원하시느니라』(딤전 2:4). 『주의 약속은 어떤 사람들이 더디다고 생각하는 것같이 더딘 것이 아니라 오직 우리에 대하여 오래 참으시어 아무도 멸망하지 않고 다 회개에 이르게 하려 하심이라』(벧후 3:9). 그러나 칼빈주의자들은 이런 분명한 구절들을 대할 때도 "주님께서는 선택받은 자들인 우리를 향해 오래 참으시는 것이며, 선택받은 우리 중 아무도 멸망하지 않고 회개에 이르기를 원하시는 것이다."라고 말해 버린다. 이들의 이런 주장은 한마디로 비성경적인 헛소리에 지나지 않는다. 하나님께서 선택받은 자들이 멸망하지 않기를 원하셔서 오래 참으신다는 것이 상식적으로 말이 되는가? 그들의 말처럼 선택되었다면 어차피 멸망할 수도 없는 것 아닌가? 결론적으로 "제한적 속죄"의 교리는 일고의 가치도 없는 이단적 가르침이자 거짓 교리인 것이다.

■ 새롭게 깨달았거나 적용할 내용이 있다면 적어 보세요. ■

제4과
복습문제

1. 예수 그리스도께서 오직 선택된 자들만을 위해 죽으셨고, 하나님께서 택하신 사람들 외에는 그 누구를 위해서도 단 한 방울의 피도 흘리지 않으셨다는 칼빈주의 교리는 무엇인가? (　　　　　　)

2. 칼빈주의자들은 "제한적 속죄"를 성경적인 교리로 만들기 위해 (　　　　　　)와 (　　　　　　　　)이 동시에 일어난다고 주장하지만, 고린도전서 15:1-4과 요한복음 3:16의 말씀을 볼 때 (　　　　　　)와 (　　　　　　　　)은 서로 다른 시기에 일어나는 것을 알 수 있다.

3. 제한적 속죄를 주장하기 위해 요한복음 3:16을 인용하며 그리스도께서 "선택된 사람들의 세상"을 위해 죽으셨다고 주장하는데, 그들의 논리대로라면 선택받은 자들 가운데서도 멸망할 자들이 있다는 말이 된다. (O , X)

4. 아담의 죄가 모든 사람에게 영향을 끼쳤던 것처럼, 인자이신 예수 그리스도의 속죄 사역 역시 모든 사람에게 영향을 끼치게 된다. (O , X)

5. 성경이 말씀하시는 것은 (　　　　　　)이 없는 속죄이다.

■ 복습 문제의 정답은 홈페이지(www.solomonbtc.org)에서 확인할 수 있습니다.

NOTES

NOTES

제5과

거듭남과 무관한 "저항할 수 없는 은혜"

『이방인들이 이 말을 듣자 기뻐하며 주의 말씀을 찬양하였고 영원한 생명을 얻기로 정해진 자들은 다 믿더라』(행 13:48).

저항할 수 없는 은혜

칼빈주의의 네 번째 교리는 "저항할 수 없는 은혜"(Irresistible Grace)이며, 이 교리는 칼빈주의 체계에서의 실제적인 구원 계획을 보여 준다. 즉 전적으로 타락하여 의지가 무능력해진 사람들은 예수 그리스도를 스스로 믿어서 구원받을 수 없다. 그러나 하나님께서 창세 전에 어떤 사람들을 구원으로 택하시고(무조건적인 선택) 십자가에서 그들을 위해 속죄하셨다(제한적 속죄). 따라서 그들이 구원받을 수 있는 유일한 방법은 하나님께서 그들의 의지를 "저항할 수 없게" 압도하시고 그들을 강제로 거듭나게 하는 "은혜"를 베풀어 주시면 그 뒤 그들이 복음을 믿을 수 있게 된다는 것이다. 이처럼 저항할 수 없는 은혜의 교리는 "거듭남 → 복음을 믿음"이라는 비정상적인 구도를 갖는데, 이것은 "복음을 믿음과 동시에 거듭난다"는 성경적인 교리에 역행하는 마귀의 교리이다.

사도행전 13:48을 오해한 존 칼빈

『이방인들이 이 말을 듣자 기뻐하며 주의 말씀을 찬양하였고 영원한 생명을 얻기로 정해진 자들은 다 믿더라』(행 13:48).

1. 존 칼빈은 사람이 자의로 행동할 수도 없고 책임질 수도 없는 존재라는 비성경적인 가정하에 사도행전 13:48을 해석했다.

1) 칼빈은 이 시대에 구원받은 모든 사람이 창세전에 영생을 얻기로 정해진 자들이었으며, 때가 이르자 "저항할 수 없는 은혜"를 입어 믿게 된 것이라는 이상한 생각을 가졌던 것이다. <u>하지만 사도행전 13:48에는 성령께서 강제적으로 거듭나게 하시는 역사가 기술되어 있지 않다</u>.

2) 칼빈은 사도행전 13:48의 이방인들이 로마서 2:7,10에 언급된 사람들과 같다는 것을 발견하지 못했다. 『**그분께서는 각 사람이 행한 대로 갚아 주시리니 참고 선을 행하여, 영광과 존귀와 썩지 아니함을 구하는 자들에게는 영원한 생명으로 하시고 다투고 진리에 복종하지 아니하며 불의에 복종하는 자들에게는 분개와 진노로 하시리라. 악을 행하는 각 사람의 혼에게 환란과 곤고가 있으리니 첫째는 유대인에게요, 또한 이방인에게며 선을 행하는 각 사람에게 영광과 존귀와 평강이 있으리니 첫째는 유대인에게요, 또한 이방인에게라**』(롬 2:6-10).

4) 존 칼빈은 사도행전 13:48의 이방인들이 『**참고 선을 행하여, 영광과 존귀와 썩지 아니함을 구하는**』(롬 2:7) 이방인들이었음을 알지 못했다. 그들은 창세전에 구원으로 예정된 사람들이 아니라, 그들 자신이 『**참고 선을 행하여, 영광과 존귀와 썩지 아니함을 구하는 자들**』이었기에 하나님께서 그들에게 『**영원한 생명**』을 주시기로(롬 2:7) 정하신 것이었다. 당시 바울이 이방인들을 대상으로 사역했을 때 영광과 존귀와 썩지 아니함을 구하고 있던 이방인들을 상대하고 있었던 것이다. <u>그들은 하나님께서 영생을 주시기로 "정하신" 자들이었고, 그들이 영생을 얻을 수 있</u>

는 유일한 길은 "믿는 것"이었다. 하나님께서 행위에 따라 영생을 주기로 정하신 이방인들은(롬 2:7) 결국 바울이 전한 복음을 통해 예수 그리스도를 믿었고 그 믿음을 통해 은혜로 구원을 받게 되었다.

저항할 수 없는 은혜와 전적 타락의 관계

1. 전적 타락(전적 무능력)의 교리를 수용하면 저항할 수 없는 은혜의 교리가 수용되고, 전적 타락의 교리가 거절되면 저항할 수 없는 은혜 또한 거절된다. 전적 타락은 저항할 수 없는 은혜를 반드시 필요로 하는 것이다.

1) 존 칼빈의 논리에 따라, 모든 사람이 회개하고 복음을 믿을 수 없는 전적 무능력의 상태에 있다면, 하나님께서는 그들의 구원을 위해 강제적으로 어떤 조치를 취하셔야만 한다.

2) 하나님께서 구원하실 사람들이 누구인지를 영원 전에 먼저 결정하시고, 훗날 성령님께서 그들을 강제로 거듭나게 하셔서 그들이 회개하고 복음을 믿을 수 있게 하셔야만 한다. 따라서 저항할 수 없는 은혜는 전적으로 무능력한 죄인들이 구원받을 수 있는 유일한 소망이 된다.

3) 한 인간을 실제로 구원하는 것은 저항할 수 없는 은혜이고, 그 뒤에 그리스도를 구주로 믿는 것은 저항할 수 없는 은혜의 결과일 뿐이다. 따라서 칼빈주의의 구원관에서는 그리스도를 믿는 것은 중요한 것이 아니며

오직 이 "저항할 수 없는 은혜"를 기다리는 것만이 필요하게 된다. 저항할 수 없는 은혜가 없이는 아무도 구원받을 수 없다는 것이 칼빈주의자들의 주장인 것이다.

4) **저항할 수 없는 은혜의 교리가 하나님의 영광만을 드높이는 것처럼 보이지만, 결코 성경적이지 않다**. 왜냐하면 인간의 자유의지가 죄의 노예가 된 것은 맞지만, 그 의지가 죄의 영향으로 무능력해져서 복음을 믿을 수 없는 상태가 되어 성령의 저항할 수 없는 은혜의 능력만을 기다려야 한다는 것은 하나님께서 성경에서 계시하신 구원 계획이 아니기 때문이다.

의지의 무능력을 가르친다는 구절들

1. 요한복음 1:13

> 『그들은 혈로나 육신의 뜻으로나 또한 사람의 뜻으로 나지 아니하였고 하나님에게서 난 사람들이라』(요 1:13).

1) **칼빈주의자들은 위의 구절을 하나님께서 의지가 무능력한 죄인을 강제로 거듭나게 해 주신다는 저항할 수 없는 은혜의 교리에 적용한다**. "하나님에게서 난 사람들이라."

2) "**혈로 나지 아니한다는 것**"은 죄인이 하나님의 아들이 되는 것이 육체적 탄생이 아닌 영적 탄생임을 의미한다. 첫 번째 출생은 혈로 난 육체적

탄생이지만 두 번째 출생은 그렇지 않다.

3) "**육신의 뜻으로 나지 아니한다는 것**"은 고행과 같은 육신적인 노력으로 새로운 출생을 얻지 못한다는 것을 뜻한다.

4) "**사람의 뜻으로 나지 아니한다는 것**"은 새로운 출생이 부부가 자식을 낳기로 뜻을 같이하는 것처럼 한다고 해서 이뤄지는 것이 아니라는 얘기이다.

5) **요한복음 1:13을 근거 구절로 들고나오는 칼빈주의자들이 놓친 것은 바로 앞 구절인 "요한복음 1:12"이다. 『그러나 누구든지 그를 영접한 사람들에게는 하나님의 아들들이 되는 권세를 주셨으니, 즉 그의 이름을 믿는 사람들에게니라.』**

➠ 13절의 "하나님에게서 난 사람들"은 12절의 "그(그리스도)를 영접한 사람들," 곧 "그의 이름을 믿는 사람들"이다. 죄인이 하나님에게서 나는 새로운 출생을 경험하는 것은 그 자신이 "자유의지"를 사용하여 예수 그리스도를 "믿어야만" 가능한 일이다. 칼빈주의자들은 전후 문맥을 살피지 않은 채 "저항할 수 없는 은혜"를 지지하는 것처럼 보이는 13절을 오용하는 우를 범한 것이다. 예수 그리스도를 "믿고 영접하는 것"은 전적으로 죄인 자신의 "의지"에 달려 있다.

2. 로마서 9:16

『그러므로 원하는 자에 의해서도 아니요, 달리는 자에 의해서도 아니며 오직 자비를 베푸시는 하나님에 의해서니라』(롬 9:16).

1) 칼빈주의자들은 의지가 무능력한 인간의 구원이 그에게 자비를 베푸시는 하나님께 달려 있음을 주장하기 위해 위의 구절을 이용한다.

2) 로마서 9:16은 바로 앞 구절인 로마서 9:15에서 하나님께서 모세에게 하신 말씀에 대한 사도 바울의 영감 있는 해석이다. 『**하나님께서 모세에게 말씀하시기를 "내가 자비를 베풀 자에게 자비를 베풀고 내가 가엾게 여길 자를 가엾게 여기리라." 하셨으니 그러므로 원하는 자에 의해서도 아니요, 달리는 자에 의해서도 아니며 오직 자비를 베푸시는 하나님에 의해서니라**』(롬 9:15,16).

3) 하나님께서 모세에게 하신 말씀은 출애굽기 33장에 나오는데, 그때의 상황은 누군가의 구원과 아무런 상관이 없다.
   (1) 하나님께서 출애굽기 32장의 금송아지 숭배 사건으로 인해 이스라엘 백성 가운데 올라가지 않으실 것이라고 하시자(출 33:3), 모세는 주님께서 백성들과 함께 가 주실 것을 기도했고(15,16절), 주님께서는 긍정적으로 응답하셨다(17절).
   (2) 이에 모세는 주님께 그분의 영광을 보여 주시라고 기도했는데(18절), 그때 주님께서는 다음과 같이 말씀하셨다. 『**주께서 말씀하시기를 "내가 나의 모든 선함을 네 앞에 지나가게 할 것이며 내가 네 앞에 주의 이름을 선포하리라. 나는 은혜를 베풀 자에게 은혜를 베풀고 자비를 보일 자에게 자비를 보이리라." 하시니라**』(19절).
   (3) 보다시피 주님과 모세 사이의 대화에서는 죄인의 구원에 관한 내용이 전무하다. 사도 바울이 로마서 9:15에 인용한 그 말씀은 모세가 하나님께 그분의 영광을 보여 줄 것을 간청한 것에 대한 답변으로 주신 것이었다(출 33:18,19). 모세에게 주님의 영광을 보여 주신 것

은 하나님께서 모세 개인에게 그분이 원하셔서 베푸신 은혜와 자비였다. 모세는 바위 위의 쪼개진 틈 안에서 그의 원하는 바를 이루었다(출 33:20-23; 34:4-7). 그런데 이 사건은 죄인의 구원과는 아무런 상관이 없었다.

(4) <u>하나님의 자비는 구원과 관계없이 베풀어질 수 있다</u>. 예수 그리스도께서도 지상에 계실 때 구원과 상관없이 많은 사람에게 자비를 베푸셨다(마 9:27; 15:22; 17:15; 20:30).

3. 성경은 인간의 의지가 살아 있음을 보여 주는 구절들로 가득 차 있다. 만일 죄인이 스스로 회개할 수도 없고 믿을 수도 없는데 다음과 같이 명령하셨다면 하나님께서는 죄인들을 조롱하신 것이 된다.

▣ **『이제 오라, 우리가 서로 변론하자. 주가 말하노니 너희 죄들이 주홍 같을지라도 눈같이 희게 될 것이요, 진홍처럼 붉을지라도 양털같이 되리라』**(사 1:18).

▣ **『그를 찾을 만한 때에 너희는 주를 구하며 그가 가까이 계실 때 그를 부르라. 악인은 자기의 길을, 불의한 사람은 자기 생각들을 버리고 주께로 돌아오라. 그리하면 주께서 그에게 자비를 베푸시리라. 우리 하나님께로 돌아오라. 그가 넘치게 용서하실 것임이라』**(사 55:6,7).

▣ **『땅 끝들에 있는 모든 자들아, 나를 쳐다보고 구원을 받으라. 이는 내가 하나님이요, 다른 이가 없음이니라』**(사 45:22).

▣ **『너희가 너희의 온 마음으로 나를 찾으려 하면 너희는 나를 찾게 되고 나를 만나리라』**(렘 29:13).

▣ **『말씀하시기를 "그 때가 찼고 하나님의 나라가 가까이 왔도다. 너희는 회개하고 복음을 믿으라."고 하시니라』**(막 1:15).

▣ 『이 무지의 때에는 하나님께서 눈감아 주셨으나 이제는 어디에 살고 있는 어떤 사람에게도 회개하라고 명령하고 계시니라』(행 17:30).

육체적 부활 vs. 저항할 수 없는 은혜

➠ 칼빈주의자들이 저항할 수 없는 은혜를 주장하기 위해 오용하는 구절 중에는 "육체적 부활"에 관한 구절들도 있다.

1. 요한복음 5:21

『아버지께서 죽은 자를 일으켜 살리심같이 아들도 자기가 원하는 자들을 살리느니라』(요 5:21).

1) 칼빈주의자들은 하나님의 아들께서 그분 자신이 원하는 자들을 살리신다는 말씀을 저항할 수 없는 은혜를 통한 강제적 구원에 적용한다.

2) 그러나 요한복음 5:21에서의 죽음은 영적 죽음이 아니라 육체적 죽음이며, 예수 그리스도께서는 죽은 자를 육체적으로 부활시키는 능력에 있어서 자신이 아버지 하나님과 동등하신 분임을 말씀하고 계실 뿐이다. 관련 문맥은 아버지와 아들의 동등하심을 다루고 있다(17-19절).

3) 예수님께서는 나인 성 과부의 아들(눅 7:14), 야이로의 딸(눅 8:54), 나사로(요 11:43)를 죽음에서 부활시키셨다.

2. 에스겔 37:5,6

『주 **하나님**이 이 뼈들에게 이같이 말하노라. 보라, 내가 너희에게 숨이 들어가게 하리니 너희가 살리라. 또 내가 너희 위에 힘줄을 놓고 너희 위에 살을 자라게 하고 피부로 덮고 너희에게 숨을 넣으리니 너희가 살리라. 그리하면 너희는 내가 **주**인 줄 알리라." 하시니라』(겔 37:5,6).

1) **칼빈주의자들은 에스겔 37장의 본문을 저항할 수 없는 은혜를 가장 강력하고 확실하게 가르치는 예로 제시한다.** 하나님께서 "의지가 없는 마른 뼈들"에게 살과 피부와 숨을 제공하여 살리시듯이 죄인들도 그와 같은 저항할 수 없는 은혜로 구원받는다고 가르치는 것이다.

2) **칼빈주의자들의 그와 같은 오류는 같은 장 11절에서 성경 스스로 해석하고 있는 명백한 사실을 간과했기 때문에 나온 것이다.** **『그때에 주께서 내게 말씀하시니라. 인자야, 이 뼈들은 이스라엘의 온 집이라. 보라, 그들이 말하기를 "우리의 뼈들은 말랐고 우리의 소망은 사라졌으며 우리의 부분은 완전히 끊어졌도다." 하느니라.』** **말하자면 에스겔 37:5,6은 "이스라엘의 온 집"과 관련된 구절이다.** 그것은 구약의 유대인 성도들의 환란 후 부활을 다루는 내용이며, 이스라엘 민족의 이러한 육체적 부활은 바울 이전의 모든 정통 유대인들에게도 잘 알려진 내용이었다(행 23:6; 26:5-8).

■ 새롭게 깨달았거나 적용할 내용이 있다면 적어 보세요. ■

"저항할 수 없는 은혜"를 조롱하는 구절들

1. 사도행전 7:51

『너희 목이 곧고 마음과 귀에 할례를 받지 못한 사람들아, 너희 조상이 한 것과 같이 너희도 늘 성령을 거역하는도다』(행 7:51).

➠ 구원받은 성도조차도 성령을 슬프게 하고(엡 4:30), 성령을 소멸하며(살전 5;19), 성령께 거짓말을 할 수 있다(행 5:3). 구원받은 그리스도인도 자기 안에 거하시는 성령을 거부할 수 있다. 하물며 구원받지 못한 죄인들은 얼마나 더 성령을 거역하겠는가?

2. 창세기 24:58

『그들이 리브카를 불러서 그녀에게 말하기를 "네가 이 사람과 함께 가겠느냐?" 하니, 그녀가 말하기를 "내가 가겠나이다." 하더라』(창 24:58).

➠ 아브라함의 청지기인 엘리에셀은 성령의 모형이다. 성령께서는 그리스도의 신부를 구하기 위해 교회 시대에 역사하고 계시는데, 성령의 모형인 엘리에셀이 그리스도의 신부의 모형인 리브카에게 갔을 때, 그녀의 오라비와 어미가 그녀에게 『**네가 이 사람과 함께 가겠느냐?**』고 묻자, 리브카는 『**내가 가겠나이다.**』라고 답변했다. 아무도 그녀의 의지를 거슬러서 그녀를 쓰러뜨려 강제로 끌고 가지 않았다. 성령께서는 죄인을

강제로 그리스도의 신부로 삼지 않으시며, 그에게 그럴 의사가 있는지 물으신다. "당신은 예수 그리스도를 믿고 구원을 받으려 하는가?"

3. 마태복음 23:37

> 『오 예루살렘아, 예루살렘아, 선지자들을 죽이며 너에게 보낸 사람들을 돌로 치는 자야, 마치 암탉이 자기 병아리들을 날개 아래 함께 모으듯이 내가 얼마나 자주 네 자녀들을 모으려고 하였더냐? 그러나 너희가 원치 아니하였도다!』(마 23:37)

➠ **하나님의 초청을 인간은 원치 않을 시 거부할 수 있다. 그것은 그들 스스로 거부한 것이다.** 그 뒤로 예루살렘에서는 사도들의 기적이 끊어졌고, 사도행전 11장에서는 기근에 시달려 구제를 받아야 할 형편에 이르렀다. A.D. 70년에는 로마의 티투스 장군에 의해 철저히 황폐화되었고, 500여 명의 유대인들이 도성 밖에서 십자가에 처형되었다. 이것이 하나님의 초청을 자기 의지로 거부한 죄인들의 결말이었다. 하나님께서는 그분의 도성인 예루살렘이라 해도 강제로 구원하시지 않는 것이다.

4. 디도서 2:11

> 『이는 구원을 주시는 하나님의 은혜가 모든 사람에게 나타나서』(딛 2:11).

➠ **구원을 주시는 하나님의 은혜는 창세전에 택함을 받은 사람들에게만 나타난 것이 아니라 "모든 사람"에게 나타났다.** 디도서 2:11은 "저항할 수 없는 은혜"를 분명하게 반박한다.

제5과
복습문제

1. 저항할 수 없는 은혜는 칼빈주의의 (　　　) 번째 교리이다.

2. 의지의 무능력을 가르치는 전적 타락 교리로 인해 저항할 수 없는 은혜의 교리가 수용된다. (O , X)

3. 칼빈주의자들이 주장하는 교리에서 지옥을 향해 가는 한 인간을 실제로 구원하는 것은 (저항할 수 없는 은혜 , 믿음)이다.

4. 다음의 요한복음 1:12,13에서 "하나님에게서 난 사람들"은 어떤 사람들인지 문맥에서 찾아 쓰시오. (　　　　　　　　　　　　　　　)

   ➠ 『그러나 누구든지 그를 영접한 사람들에게는 하나님의 아들들이 되는 권세를 주셨으니, 즉 그의 이름을 믿는 사람들에게니라. 그들은 혈로나 육신의 뜻으로나 또한 사람의 뜻으로 나지 아니하였고 하나님에게서 난 사람들이라.』

5. 칼빈주의자들이 "저항할 수 없는 은혜"를 가르치기 위해 사용하는 에스겔 37:5,6은 구약의 유대인 성도들의 환란 후 (　　　　　　　)을 다루는 내용이다.

   ➠ 『주 **하나님**이 이 뼈들에게 이같이 말하노라. 보라, 내가 너희에게 숨이 들어가게 하리니 너희가 살리라. 또 내가 너희 위에 힘줄을 놓고 너희

위에 살을 자라게 하고 피부로 덮고 너희에게 숨을 넣으리니 너희가 살리라. 그리하면 너희는 내가 **주**인 줄 알리라." 하시니라』(겔 37:5,6).

■ 복습 문제의 정답은 홈페이지(www.solomonbtc.org)에서 확인할 수 있습니다.

■ 새롭게 깨달았거나 적용할 내용이 있다면 적어 보세요. ■

NOTES

NOTES

제6과

행위 구원을 조장하는 "성도의 견인"

『모든 것을 그 자신이 의도한 대로 행하시는 이의 목적을 따라 우리가 예정되어 그분 안에서 유업을 받았으니』(엡 1:11).

성도의 견인이란?

성도의 견인은 "하나님께서 그분의 사랑하시는 아들 안에서 받아들이시고 거듭나게 하셔서 성령으로 거룩하게 하신 자들은 전적으로 또는 최종적으로 은혜의 상태에서 실족할 수 없으며, 분명히 그 상태에서 끝까지 인내하여 영원히 구원받을 것이다."라는 교리이다. 즉 창세전에 구원으로 예정된 이들은 자신의 구원을 완전히 상실할 수도 없고, 구원받지 않은 상태에서 죽을 수도 없으며, 오직 하나님의 변함없는 자비하심과 그분의 능력을 힘입어 끝까지 인내하여 영원히 구원받을 것이라는 얘기이다. 그러나 이것은 "성경적인 구원의 영원한 보장"이 아니다. 구원은 하나님의 능력으로 "끝까지 인내하기" 때문에 보장되는 것이 아니라, 예수 그리스도께서 십자가에서 죄를 제거해 주신(요 1:29) 그 성도를 그분의 몸 안으로 넣어 주셨기 때문에(고전 12:13) 영원히 보장된다(롬 8:38,39).

견인과 예정

1. 칼빈주의자들은 "성도의 견인"을 "예정"이라고 부르며 그것을 "구원의 영원한 보장"에 적용한다.

➡ 그러나 칼빈의 예정론과 달리 "예정"은 성경적인 용어이며, 성경에 4번 밖에 나오지 않는다(롬 8:29,30, 엡 1:5,11). "예정"이라는 단어는 네 경

우 모두 죄인이 구원받는 것과 상관이 없다. 칼빈주의자들은 "예정"을 구원과 동일시하는 심각한 오류를 범한 것이다.

1) 에베소서 1:5

『하나님의 기쁘신 뜻에 따라 예수 그리스도를 통하여 우리를 자신의 자녀로 입양할 것을 예정하셨으니』 (엡 1:5).

(1) **칼빈주의자들은 이 구절을 바로 앞의 4절을 잘못 해석함으로써 그릇되게 해석한다.** **『하나님께서 세상의 기초를 놓으시기 이전에 우리로 사랑 안에서 그분 앞에 거룩하고 흠 없게 하시려고 그리스도 안에서 우리를 택하시어』**(엡 1:4). 칼빈주의자들은 **『세상의 기초를 놓으시기 이전에』**라는 말씀에 집착하여 이 구절로 "무조건적인 선택"의 교리를 정립했는데, 그들은 **『그리스도 안에서』** 우리를 택하셨다는 점을 간과했다.

(2) **즉 누군가가 실제로 예수 그리스도 안으로 들어가지 않으면 택함을 받을 수 없다는 뜻이기 때문에, 죄인이 예수 그리스도를 구주로 믿고 영접하여 "성령 침례"를 통해 "그분의 몸" 안으로 들어간(고전 12:13) 순간이 그가 『그리스도 안에서』 하나님의 택함을 받은 시점이 된다.** 이것은 결코 "세상의 기초가 놓이기 이전"인 창세전의 택함이 아니다.

(3) 따라서 본문 5절 역시 "창세전"의 예정론과 무관하다. 5절 또한 **『예수 그리스도를 통하여』**가 해석의 관건이기 때문이다. 예수 그리스도를 믿어야만 이뤄지는 말씀인 것이다.

(4) **그뿐 아니라 5절은 칼빈주의자들처럼 "구원으로의 예정"을 가르치**

는 것이 아니라 하나님께서 『우리를 자신의 자녀로 입양할 것을 예정』하셨음을 가르친다. 이 예정은 어떤 사람이 구원받는 것과는 관계가 없고, 어떤 죄인이 예수 그리스도를 구주로 믿으면 그를 『예수 그리스도를 통하여... 자신의 자녀로 입양할 것』을 "예정"하신 것을 뜻할 뿐이다.

(5) 입양, 곧 양자 됨은 그리스도의 피로 의롭게 된 성도가 휴거될 때 몸의 구속을 통해 이루어진다. 『그들뿐만 아니라 성령의 첫열매들을 가진 우리까지도 속으로 신음하며 양자 되는 것, 곧 우리 몸의 구속을 기다리고 있느니라』(롬 8:23). 따라서 에베소서 1:5의 입양과 관련된 예정은 구원으로의 예정이 아닌, 미래의 휴거 때 있을 몸의 구속과 연관된 예정이다.

2) 에베소서 1:11

『모든 것을 그 자신이 의도한 대로 행하시는 이의 목적을 따라 우리가 예정되어 그분 안에서 유업을 받았으니』(엡 1:11).

➠ 11절에서 언급하고 있는 "예정" 역시 "구원"과는 전혀 무관하고, 예수 그리스도 안에 있는 성도가 받게 될 "유업"과 연관이 있는 예정이다. 이어지는 13,14절에서는 이 예정이 상속의 권리와 연관된 예정임을 보여 준다. 『너희도 진리의 말씀, 곧 너희 구원의 복음을 듣고서 그분을 신뢰하였으니 또 너희가 그분을 믿고서 약속의 그 성령으로 인침을 받은 것이니라. 이는 값 주고 사신 그 소유를 구속하기까지 우리의 유업의 보증이 되사 그의 영광을 찬양케 하려 하심이니라.』

3) 로마서 8:29

『그분께서는 미리 아신 자들을 자기 아들의 형상과 일치하게 하시려고 또한 예정하셨으니 이는 그를 많은 형제 가운데서 첫태생이 되게 하려 하심이니라』(롬 8:29).

(1) **로마서 8:29에서 "예정"은 죄인의 구원에 관한 것이 아니다. 이 구절은 그리스도인이 "하나님의 아들의 형상과 일치되는" 휴거와 관련 있으며, 같은 장에서는 그때 있을 일을 『양자 되는 것, 곧 우리 몸의 구속』(롬 8:23)으로 설명한다.** 곧 29절의 "예정"은 죄인의 구원과 관계없고 거듭난 그리스도인이 다가올 미래에 하나님의 아들의 형상과 일치되는 일이 "예정"되어 있음을 말할 뿐이다.

(2) "몸의 구속"과 관련된 예정은 성경의 다른 구절들에서도 언급하고 있다.

▣ 『우리가 흙으로 만들어진 자의 형상을 입은 것같이 하늘에 속한 분의 형상도 입으리라』(고전 15:49).

▣ 『우리의 시민권은 하늘에 있으므로 우리가 그곳으로부터 오실 구주이신 주 예수 그리스도를 기다리고 있으니 그가 만물을 자신에게 복종시키는 그 능력의 역사로 인하여 우리의 천한 몸을 그분의 영광스러운 몸같이 변모시키시리라』(빌 3:20,21).

▣ 『사랑하는 자들아, 이제는 우리가 하나님의 아들들이라. 우리가 어떻게 될 것인지는 아직 나타나지 아니하였으나 그가 나타나시면 우리가 그와 같이 되리라는 것을 아노니, 이는 우리가 그분 그대로 그분을 볼 것이기 때문이라』(요일 3:2).

성도의 견인과 관련하여 오해한 구절들

1. 고전 9:24-27

『경기장에서 달리는 사람들이 모두 달릴지라도 한 사람만이 상을 받는 것을 너희가 알지 못하느냐? 그러므로 너희도 상을 얻게 되도록 달리라. 이기려고 애쓰는 사람은 누구나 모든 일에 자제하나니 이제 그들은 썩어질 면류관을 받으려 하지만 우리는 썩지 않을 면류관을 받고자 함이라. 그러므로 내가 그처럼 달리되 불확실하게 하지 아니하며 또 내가 그처럼 싸우되 허공을 치는 자같이 아니하노라. 내가 내 몸을 억제하여 복종하게 함은 다른 사람들에게 전파한 후에 어떻게 해서든지 내 자신이 버림을 받지 않게 하려는 것이라』(고전 9:24-27).

➠ **칼빈주의자들은 이 구절을 해석할 때 사도 바울이 자신의 구원을 위해 생애를 바쳐 투쟁했다고 말한다. 말하자면 "행위 구원"을 조장하는 것이다.** 그러나 사도 바울이 이처럼 기록한 것은 "전파"(27절)와 관련이 있다. **바울은 자신이 복음을 전파하는 일을 더 이상 하지 못할 것을 두려워한 것이지 결코 구원을 잃을까 봐 노심초사한 것이 아니다.** 본문은 "상을 얻게 되도록 달리는" 섬김에서 버림받는 것과 관련이 있다.

2. 마태복음 24:13

『그러나 끝까지 견디는 자는 구원을 받으리라』(마 24:13).

1) **칼빈주의자들은 이 구절을 해석할 때 사람이 인생의 끝까지 견디려고 합법적으로 투쟁하지 않는 한 아무도 구원받지 못한다고 말한다.**

2) 마태복음 24:13은 미래의 대환란에 관한 것이지 개인의 인생의 끝을 이야기하는 것이 아니다. **예수님께서는 유대인들에게 그들에게 닥칠 "대환란"(21절)에 관해 말씀하고 계시며, 대환란 때 그 민족이 구원받을 수 있는 방법을 알려 주고 계신 것이다.**

3) **마태복음에서 "끝까지 견디는 구원"은 모두 대환란과 관련된 문맥이다(cf. 마 10:22,23).** 거기에는 어떤 구원받은 그리스도인도 등장하지 않으며, 오직 유대인과만 관련이 있다. 예수님께서 설교하신 대상은 실제적인 유대인이고(마 24:1-3), 언급되고 있는 장소는 팔레스타인 땅이다(마 24:16). 이들은 안식일 같은 구약의 율법을 준수하고(마 24:15-20), 예루살렘 성전에서 경배하고 있는 사람들이다(마 24:15). 이 "끝" 이후에는 예수 그리스도의 재림이 뒤따른다(마 24:14,21,30). 그러므로 이 끝은 개인의 삶의 끝이 아니라 어느 일정한 기간의 끝, 곧 대환란의 끝을 의미하는 것이다(마 24:14).

4) **그리스도인에게는 구원을 유지하기 위해 끝까지 견디라는 명령이 주어지지 않았다. 마태복음 24:13은 현재 은혜 아래 있는 그리스도인의 구원과 아무런 상관이 없다.** 이는 그리스도인의 구원이 이미 끝까지 확고하게 보장되어 있기 때문이다. 『**너희가 아무 은사에도 부족함이 없이 우리 주 예수 그리스도의 오심을 기다림이라. 또한 그분께서 너희를 끝까지 확고하게 지키시어 우리 주 예수 그리스도의 날에 책망할 것이 없게 하시리라**』(고전 1:7,8).

5) 칼빈주의자들은 함께 신앙생활을 하던 사람이 타락하면 "아, 그 사람은 처음부터 구원받지 않았어."라고 말하지만, 구원받은 성도가 죄를 짓고 신앙생활을 잘못한다 해서 그의 구원이 상실되는 것은 아니다. 이 세상에서 징계를 받거나(고전 11:32) 그리스도의 심판석에서 책망을 받게 될 뿐이다(롬 14:10, 고후 5:10). 지상에서는 그가 죄에서 돌이킬 때까지 하나님과의 교제가 단절되지만, 결코 구원을 잃어버리지는 않는다.

6) 성경은 우리 그리스도인들이 그리스도의 몸이며, 개별적으로는 그 지체들로서 그분의 몸과 그분의 살과 그분의 뼈의 지체라고 말씀한다(고전 12:27, 엡 5:30,32). 이처럼 성령 하나님에 의해 예수 그리스도의 몸 안으로 들어가(고전 12:13) 그 몸을 구성하게 된 그리스도인은 자신의 구원이 영원히 안전하다는 것과 그를 예수 그리스도 안에 있는 하나님의 사랑에서 떼어 놓을 자가 없다는 것을 믿어야 한다(롬 8:38,39).

7) 이러한 성도가 해야 할 일은 성도로서 거룩한 생활을 유지하는 것이다. 결코 죄를 짓지 않는 신앙생활을 해야 하지만, 거룩한 생활을 하지 못했다고 해서 구원을 잃어버리는 것은 아니다.

행위에 매달리는 칼빈주의자들

1. 칼빈주의자들은 하나님께서 성령으로 거듭나게 하신(저항할 수 없는 은혜) 자들은 죽을 때까지 거룩함을 유지하며 끝까지 견딜 것이라고 가르친다.

➠ 참된 성도라면(예정론) 하늘나라에 갈 때까지 이 생애에서 거룩함과 의의 상태를 계속 유지할 것이라고 가르치는 것이다.

1) 이것은 거룩한 생활을 계속 유지하지 않는 자들은 처음부터 구원받지 않은 것이라는 얘기가 되는데, 결국 그 사람은 끝까지 순종하지 않은 대가로 지옥에 가게 되는 것이다. 이는 칼빈주의자들에게 있어서 구원받았다는 증거가 생애 끝까지 믿음을 지키는 것이기 때문이다.

2) 칼빈주의자들은 진정한 그리스도인의 경우에는 그가 잠시 죄에 빠질지라도 결국은 돌아와 구원받을 것이라고 가르친다. 만일 끝까지 돌이키지 않는 사람이라면 구원을 잃어버린 것이 아니라 처음부터 구원받지 않은 것이라고 주장한다.

2. 성경은 그리스도인이 예수 그리스도를 영접했을 때 이미 거룩하게 된 것이라고 말씀한다.

『너희 가운데도 이런 일을 행하였던 자들이 더러 있었으나 너희가 주 예수의 이름과 우리 하나님의 영으로 씻음을 받았고 거룩하게 되었으며 의롭게 되었느니라』(고전 6:11).

1) 칼빈주의자들은 "하나님의 변함없는 자비하심과 그분의 능력을 힘입어 끝까지 인내하여 영원히 구원받을 것"이라고 가르치기 때문에 사실상 "구원의 점진성"을 주장하는 것이 된다. 곧 그들은 "점진적인 거룩하게 됨을 중생의 증거"라고 볼 뿐만 아니라 "생활의 거룩함이 구원의 일부"라고 가르침으로써 행위 구원을 조장하고 있는 것이다.

2) 칼빈주의자들이 성도의 견인에 매달리는 것은 자신의 구원을 입증하기 위해서인데, 구원을 입증하기 위해서 그들은 지속적인 행위에 몰입하고 있는 것이다. 이로써 그들은 "행위 구원"의 수렁에 빠지게 된다.

3) 그러나 신약성경은 행위로 구원을 받는 것도 아니고 행위로 구원을 유지하는 것도 아니라고 말씀한다. 믿음은 행위가 아니며, 행위 역시 믿음이 아니다.

▣ **『그러므로 우리는 사람이 율법의 행위들이 없이 믿음으로 의롭게 된다고 단정하노라』**(롬 3:28).

▣ **『행함이 없어도 불경건한 자를 의롭다 하시는 그분을 믿는 사람에게는 그의 믿음이 의로 여겨지느니라』**(롬 4:5).

▣ **『만일 율법에 속한 자들이 상속자라면 믿음은 헛되게 되고 그 약속은 무효가 되느니라』**(롬 4:14).

▣ **『사람이 율법의 행위로 의롭게 되는 것이 아니요, 예수 그리스도를 믿음으로 인하여 되는 줄 알고 우리도 예수 그리스도를 믿었나니, 이는 우리가 율법의 행위로써가 아니라 그리스도를 믿음으로 인하여 의로워지고자 함이라. 이는 율법의 행위로는 아무 육체도 의롭게 될 수 없음이라』**(갈 2:16).

예수 그리스도의 보편적인 속죄를(벧후 2:1, 요일 2:2) 통해 옛 죄들에서 깨끗하게 된(벧후 1:9) 것을 모른 채 행위에 매달리는 자들은 저주받은 것이 된다. 하나님의 구원 계획에 따라 예수님께서 십자가에 매달려 죽으시면서 "은혜로" 다 이루어 놓으신 그 일을 믿는 자는 누구나 믿음으로 말미암아 은혜로 구원받게 된다. 이것을 가리켜서 "단번 속죄"라고 하며(히 10:10-14), 이 영원한 속죄로 구원받은 성도는 자기가 구원받았음을 입증하려는 육신적인 노력과 수고가 불필요하다. 하나님께서는 우리가 구원을 입증하려고 노력하지 않아도 우리의 구원을 영원히 보장해 주셨기 때문이다.

■ 새롭게 깨달았거나 적용할 내용이 있다면 적어 보세요. ■

제6과
복습문제

1. “하나님께서 그분의 사랑하시는 아들 안에서 받아들이시고, 거듭나게 하셔서 성령으로 거룩하게 하신 자들은 전적으로 또는 최종적으로 은혜의 상태에서 실족할 수 없으며, 분명히 그 상태에서 끝까지 인내하여 영원히 구원받을 것이다.”라는 교리는 칼빈의 5대 강령 중 (   )이다.

2. 구원은 하나님의 능력으로 끝까지 인내하기 때문에 보장되는 것이 아니라, 주 예수 그리스도께서 십자가에서 죄를 제거해 주신(요 1:29) 성도를 그분의 (몸, 지역 교회) 안으로 넣어 주셨기 때문에(고전 12:13) 영원히 보장되는 것이다(롬 8:38,39).

3. 『그러나 끝까지 견디는 자는 구원을 받으리라.』(마 24:13)라는 말씀은 미래의 특정 기간인 (   ) 때의 구원 방법이다.

4. 칼빈주의자들은 함께 신앙생활을 하던 사람이 타락하면 “아, 그 사람은 처음부터 (   )받지 않았어.”라고 말한다.

5. 거룩함과 의의 상태를 계속 유지하는 자들이 구원받은 자라고 하는 “성도의 견인”은 (   ) 구원을 조장한다.

■ 복습 문제의 정답은 홈페이지(www.solomonbtc.org)에서 확인할 수 있습니다.

NOTES

NOTES

NOTES

< 추 천 도 서 >

극단적 칼빈주의의 이해

로렌스 M. 밴스 지음 / 592쪽 / 30,000원

칼빈주의는 한국 교회 안에 뿌리 깊게 박혀 있는 심각한 누룩이다. 이 책은 칼빈주의의 교리적인 오류들을 성경적으로 낱낱이 파헤친 책이다.

성경으로 본 칼빈주의 5대 강령

이송오 목사 지음 / 102쪽 / 4,000원

칼빈주의 5대 강령은 사람들을 선택받은 사람들로 착각하게 만들어 구원받지 않은 채 교회만 다닐 뿐 아니라 다른 이들도 구원받지 못하게 하는 이단 교리다.

칼빈주의는 왜 이단인가?

피터 럭크만, 로렌스 밴스 지음 / 138쪽 / 6,000원

본서는 예정론을 비롯한 칼빈주의 5대 교리의 비성경적인 내용들을 핵심적으로 바로잡아, 바른 구원과 올바른 성경 해석을 알려 준다.

다섯가지 이단 연구

피터 럭크만 지음 / 40쪽 / 1,200원

이 책은 성도들을 미혹시키는 "그리스도의 교회," "여호와의 증인," "제칠일안식교," "은사주의," "로마카톨릭" 등 대표적인 다섯 가지 이단들에 대해 설명한다.

솔로몬 성경공부 시리즈

한국 교회를 망친 칼빈주의

초판1쇄 2021년 4월 9일
초판2쇄 2021년 4월 16일
지 은 이 / 편 집 부
발 행 인 / 이 송 오
발 행 처 / 말씀보존학회
출판등록 / 1988. 12. 12. 제16-223호
주 소 / 서울 강서우체국 사서함 제90호
전 화 / (02) 2665 - 3743
팩 스 / (02) 2665 - 3302
인 터 넷 / www.biblemaster.co.kr

값 10,000 원